온 가족이 함께하는 놀이

◆ 0세부터 7세까지 우리 아이의 눈높이에 맞춘 놀이 방법 ◆

온 가족이 함께하는 놀이

고영광, 송애란, 엄희경 지음
송승민 감수

'가족이 함께하는 놀이'는 아이의 창의성 발달뿐 아니라
건강한 가족 문화를 형성하는데 기여합니다.

★★★
특별한 준비 없이
바로 할 수 있는
놀이

★★★
아이의 발달이
자극되는
일상 속 놀이

★★★
아이와 가족이
함께 성장하는
놀이

좋은땅

들어가며

 박사과정을 함께한 우리는 오랜 시간 유아교육 현장에서 어린이집 원장으로서 쌓아 온 경험과 학문적 경험을 바탕으로, 놀이에 대해 깊이 있게 공감해 왔습니다. 졸업 후에는 사계절 동안 놀이를 주제로 연구하며, 직접 놀이에 참여하고 아이들을 관찰하는 과정을 통해 놀이가 아동의 삶과 발달에 미치는 긍정적인 영향을 더욱 깊이 느낄 수 있었습니다.
 이러한 과정을 통해 우리는 더욱 따뜻하고 행복한 시간을 보낼 수 있었고, 연구는 우리 관계를 더욱 돈독히 만드는 계기가 되었습니다.

 놀이 연구를 통해 우리는 놀이가 단순한 즐거움을 넘어 아동의 정서, 사회성, 인지, 신체 발달, 창의성 등 전인적 성장을 이끄는 핵심 요소임을 확인하였습니다. 특히, 놀이가 가족 간 유대감을 강화하고 정서적 안정감을 형성하는 데 큰 역할을 한다는 것을 몸소 느낄 수 있었습니다. 이는 아동 발달의 기반에는 따뜻한 관계와 안정된 환경이 필수적이라는 사실을 다시금 상기시켜 주었습니다.
 또한 "한 아이를 키우기 위해서는 온 마을이 필요하다"는 아프리카 속담처럼, 아동의 건강한 성장을 위해 부모와 가족, 지역사회의 역할이 무엇보다 중요합니다. 부모가 놀이의 동반자로 함께할 때, 아이는 사랑받고 존중받는 경험을 통해 자존감을 키우며, 긍정적인 사회적 관계의 기초를 다지게 됩니다.

우리는 온 가족이 함께하는 놀이가 아이에게 안정감과 행복감을 제공하고, 이는 곧 창의성과 사회성을 갖춘 미래 사회의 주체로 성장하는 데 중요한 밑거름이 된다고 믿습니다. 앞으로도 가족 중심의 놀이 문화가 확산되어 아이들이 사랑과 지지 속에서 건강하게 자라나길 진심으로 바랍니다.

　이 모든 과정에서 큰 지원과 격려를 해 주신 송승민 교수님께 깊은 감사의 마음을 전합니다. 석사 때부터 지금까지, 교수님께서는 항상 저희를 지원해 주셨고, 이번 놀이 책의 감수까지 맡아 주셨습니다.
　교수님의 깊은 관심과 배려에 진심으로 감사드립니다.

　또한, 이번 연구와 놀이를 함께한 고은아, 고은별, 고은수, 고은혜, 고영도, 고용재, 고하영, 김란, 전민서, 전예서 모두에게 진심으로 감사의 마음을 전합니다. 여러분 덕분에 더 많은 것을 배우고, 즐거운 시간을 보낼 수 있었습니다. 감사합니다.

고영광, 송애란, 엄희경 드림

차례

들어가며 · 04

Part 1 우리 아이 발달과 놀이코칭

1. 0~1세 · 14
   1) 우리 아이 발달 특성 · 14
   2) 놀이코칭 · 17

2. 2세 · 18
   1) 우리 아이 발달 특성 · 18
   2) 놀이코칭 · 19

3. 3세 · 21
   1) 우리 아이 발달 특성 · 21
   2) 놀이코칭 · 22

4. 4세 · 24
   1) 우리 아이 발달 특성 · 24
   2) 놀이코칭 · 26

5. 5세 · 27
   1) 우리 아이 발달 특성 · 27
   2) 놀이코칭 · 28

6. 6세 … 30
1) 우리 아이 발달 특성 … 30
2) 놀이코칭 … 32

7. 7세 … 33
1) 우리 아이 발달 특성 … 33
2) 놀이코칭 … 34

Part 2 온 가족 놀이 가치

1. 온 가족 놀이의 필요성 … 38

2. 온 가족 놀이 효과 … 40
1) 신체적 발달 … 40
2) 정서적 발달 … 42
3) 인지적 발달 … 43
4) 사회적 발달 … 44
5) 창의성 발달 … 46

3. 온 가족 놀이의 핵심 … 48
1) 특별한 준비 없이 가족과 함께 바로 할 수 있는 놀이 … 48
2) 아이의 발달이 자극되는 일상 속 놀이 … 48
3) 아이와 가족이 함께 성장하는 놀이 … 48

Part 3 놀이 방법

1. 놀이에 사용되는 일상적 도구 소개 ··········· 52
2. 놀이 방법 ··········· 53

   1) 실내놀이 레시피 ··········· 53

이불놀이
이불 번지
이불 어부
이불 낙하산
이불 집 만들기
이불 김밥말이
이불 그네
이불 언덕
이불 썰매

베개놀이
베개 징검다리
베개 높이뛰기
베개 격파
베개 옮기기
베개 싸움
베개 수영

수건놀이
수건 타워
수건 피구
수건 꼬리잡기
수건 술래잡기
수건 막대놀이
수건 줄다리기

책놀이
책 징검다리
책 탑 쌓기
책 볼링
책 도미노
책 야구

종이컵놀이
종이컵 높이뛰기
종이컵 낙하산
종이컵 낚시
종이컵 동아줄
종이컵 화가
종이컵 사탕 찾기

종이놀이
종이 수영장
종이 격파
종이 달리기
종이 검투사
종이 공놀이
종이 스쿠프

페트병놀이
페트병 불기
페트병 자치기
페트병 볼링
페트병 마라카스
페트병 마사지
페트병 피하기

박스놀이
박스 터널
박스 두더지 잡기
박스 캐치볼
박스 주사위
박스 비밀상자
박스 태풍

휴지놀이
휴지 날리기
휴지 빨래 널기
휴지 굴리기
휴지 미라
휴지 거미줄
휴지 당기기
휴지 던지기
휴지 징검다리

〈힘겨루기〉
손바닥 씨름
엉덩이 씨름
발바닥 씨름
로데오놀이
양말 벗기기

〈몸으로 표현〉
몸으로 말해요
거울놀이
청기 백기
몸 통과하기
종이 떨어뜨리기

〈아빠랜드〉
아빠 철봉
아빠 역도
아빠 비행기
아빠 풍차
아빠 암벽 등반
아빠 계단

2) 실외놀이 레시피

봄
꽃피자
돌탑 쌓기
봄에 만나는 동물 친구들
동물원 꽃이 피었습니다
꽃잎 프로펠러
물 그림
꽃향기 맞추기
아카시아 잎 수 세기
그림자 달리기
나뭇가지 높이뛰기
꽃 옮기기
짝꿍 찾기

가을
자연물 빙고
방 탈출
나무 건축가
가을 패션쇼
가을 미용실
낙엽 꼬리잡기
점점 노랗게 점점 크게!
낙엽 밟기
자치기
나뭇가지로 이름 쓰기

여름
돌멩이 던지기
수박씨 뱉기
풀씨름
나뭇잎 그림
놀이터 술래잡기
나뭇잎 배
물레방아
초록 잎 림보
나뭇잎 불기
돌멩이 경사로
숲속 난타
거인 그리기
숲속 보석

겨울
솔방울 제기
솔잎 붓 만들기
나뭇잎 연 날리기
얼음 모빌
무지개 겨울
눈사람 만들기
눈 던지기놀이
눈 속 보물찾기
발자국 탐험놀이
눈 요리놀이
크리스마스트리 만들기

놀이 인식에 대한 체크리스트

아이와 함께하는 놀이에 대해 어떻게 생각하시나요?

평소 놀이에 대한 중요성을 생각하며 아래 항목들을 체크해 보세요.

번호	내용	체크
1	우리 아이와 함께 노는 것은 매우 중요하다.	
2	우리 아이와 놀아 준다면, 아이는 놀이로부터 더 많은 것을 배울 것이다.	
3	우리 아이가 좋은 학습 방법을 배우는 것보다 다른 친구들과 잘 어울려 노는 것이 더 중요하다고 생각한다.	
4	우리 집에서는 놀이시간을 우선시한다.	
5	우리 아이와 함께 놀이하는 것은 내가 좋아하는 활동 중 하나이다.	
6	우리 아이에게 책을 읽어 주는 것이 아이와 함께 노는 것보다 더 가치가 있다.	
7	놀이는 우리 아이의 전인적 발달에 긍정적인 영향을 준다.	
8	가족과 함께하는 놀이는 아이가 어린이집이나 유치원에 잘 적응하는 데 도움이 될 것이다.	
9	놀이를 통해 아이는 새로운 기술과 능력을 키울 수 있다.	
10	아이는 놀이를 하면서 감정을 다루는 것을 내가 도와주어야 한다.	

* 체크한 항목이 많을수록, 아이에게 놀이의 필요성과 중요성을 더 잘 인식하고 있음을 의미합니다. 이제 아이의 눈높이에 맞춰 놀이 방법을 배우며, 필요한 놀이를 익혀 가세요. 이 책은 아이에게 꼭 필요한 놀이들만 소개합니다.

이 책은 우리에게 꼭 필요한 놀이만 소개해 드립니다

☐ 발달적 잠재력을 지닌 영유아기 아이와 함께하는 가족

☐ 온 가족이 놀이하며 따뜻한 시간을 함께하길 바라는 가족

☐ 아이에게 즐거움을 주고 비용 없이도 충분히 즐길 수 있는 놀이

☐ 특별한 준비 없이 언제든지 함께 즐길 수 있는 놀이

☐ 아이의 흥미와 몰입을 자연스럽게 이끌어 주는 놀이

☐ 자연스럽게 놀다 보면 배움이 스며드는 성장의 놀이

본 책에서는 아이의 발달을 이해하기 쉽도록 일반적으로 사용되는 연령기준에 따라 구분하여 적용하였습니다.

1. 0~1세

1) 우리 아이 발달 특성

주요 발달 특성

- 고개를 들기 시작해, 앉기, 서기, 걷기까지 점차 대근육 발달이 이루어집니다.
- 울음으로 감정을 표현하다가 점점 감정 표현이 다양해지고, 독립적인 행동이 늘어납니다.
- 양육자와 눈 맞춤, 간단한 놀이를 통해 상호작용하며, 낯가림과 애착이 형성됩니다.

(1) 신체 발달

- 0~3개월: 고개를 들거나 엎드린 자세를 유지할 수 있으며, 시선을 따라 손을 움직이는 등 눈과 손의 협응력이 발달합니다.
- 4~6개월: 스스로 앉으려는 시도를 하며, 엎드린 채 장난감을 만지거나 손가락으로 물건을 잡는 능력이 향상됩니다.
- 7~9개월: 도움을 받아 일어서거나, 가구 등을 잡고 걸으려는 시도를 하며 대근육 발달이 활발해집니다.
- 10~12개월: 혼자서 몇 걸음을 걷거나, 무릎을 꿇고 서 있는 자세를 자

연스럽게 유지할 수 있습니다.

(2) 정서 발달

- 0~3개월: 즐거움이나 편안함에는 미소로 반응하며, 불안이나 불편함은 울음으로 표현합니다.
- 4~6개월: 낯가림이 시작되며, 갑작스러운 자극에 놀라는 반응과 함께 울음이 증가할 수 있습니다.
- 7~9개월: 양육자와의 분리 상황에서 불안정한 감정을 표현하며, 정서적인 유대가 깊어집니다.
- 10~12개월: 혼자서 하려는 행동이 증가하고, 기쁨이나 속상함 등 다양한 감정을 표정과 행동으로 나타냅니다.

(3) 사회성 발달

- 0~3개월: 양육자와 눈을 맞추거나, 목소리와 얼굴에 반응하는 등 초기의 사회적 상호작용이 시작됩니다.
- 4~6개월: '짝짝꿍', '곤지곤지'와 같은 간단한 놀이를 통해 주변 사람들과 교감하는 경험이 늘어납니다.
- 7~9개월: 낯선 사람에 대한 경계를 보이며, 주 양육자와 함께 보내는 시간을 즐깁니다.
- 10~12개월: 낯가림이 점차 줄어들고, 다른 사람과 함께하는 단순한 사회적 놀이가 가능해집니다.

(4) 언어 발달

- 0~3개월: 소리를 내어 옹알이를 시작하며, 다른 사람의 소리를 모방하려는 시도가 나타납니다.
- 4~6개월: 옹알이의 빈도와 다양성이 증가하고, 단어처럼 들리는 소리를 모방하기도 합니다.
- 7~9개월: "안 돼"와 같은 단어에 반응하며 간단한 단어의 의미를 이해하기 시작합니다.
- 10~12개월: 1~2개의 단어를 통해 자신의 의사를 표현하려는 노력이 보입니다.

(5) 인지 발달

- 0~3개월: 시각, 청각, 촉각 등의 자극에 민감하게 반응하며, 대상이 계속 존재한다는 개념이 형성되기 시작합니다.
- 4~6개월: 장난감이나 물건을 입에 넣거나 흔들어 보며, 다양한 방법으로 탐색하고 단순한 문제 해결을 시도합니다.
- 7~9개월: 사물의 크기, 형태, 무게 등을 구분하며 탐색 능력이 확장됩니다.
- 10~12개월: 주변 사물을 활용한 놀이나 간단한 상상놀이를 통해 인지 능력을 넓히며, 환경에 대한 이해를 오감으로 확장해 나갑니다.

2) 놀이코칭

(1) 부드러운 접촉과 눈 맞춤으로 안정감 주기

아기에게 따뜻한 손길과 눈 맞춤은 사랑을 전하는 가장 기본적인 방법입니다. 기저귀를 갈거나 목욕을 시킬 때, 아기의 눈을 바라보며 부드러운 말투로 "기분 좋지~?", "깨끗해졌네~" 하고 말을 걸어 주세요.

이러한 신체적 접촉과 시선 교환은 아기에게 '나는 사랑받고 있어'라는 느낌을 주고, 정서적 안정감과 안정 애착 형성에 큰 도움이 됩니다.

이러한 따뜻한 상호작용은 아기의 뇌 발달, 특히 감정 조절과 신뢰감 형성에 긍정적인 영향을 미칩니다.

(2) 아기의 표현에 반응하기

아기는 아직 말을 하지 못하지만, 소리, 표정, 몸짓 등으로 자기 감정을 적극적으로 표현합니다. 아기가 "응응~" 하고 소리를 내거나 미소 지을 때, "응~ 그래? 기분이 좋아?"라고 웃으며 대답해 주세요.

이처럼 아기의 표현에 즉각적이고 따뜻하게 반응하는 것은, 아기에게 '내 표현이 통하고 있어'라는 신뢰감을 줍니다. 이는 언어 발달의 기초가 되는 상호작용의 시작이며, 아기의 의사소통 능력과 사회성을 길러 주는 소중한 경험입니다.

부모의 작은 반응 하나하나가 아기의 마음을 열고, 세상과 연결되는 첫 대화의 다리가 됩니다.

2. 2세

1) 우리 아이 발달 특성

◇주요 발달 특성
- 주 양육자에게 애착을 형성하고, 떨어지면 불안해합니다.
- 혼자 걷기 시작하고 다양한 움직임을 시도합니다.
- 사물과 사람에 대한 탐색이 활발해지고, 물체의 존재를 인식합니다.

(1) 신체 발달
- 혼자 걷기 시작하거나 걷는 것에 관심을 보입니다.
- 손가락을 더 잘 움직이며 다양한 탐색을 시도합니다.
- 근육이 발달하면서 달리기, 밀기, 두드리기, 오르기 등을 즐깁니다. 또한, 몸을 틀거나 멈추는 등 근육을 조절하는 능력이 생깁니다.

(2) 정서 발달
- 낯선 사람이나 큰 소리에 대한 공포를 느낍니다.
- 주 양육자에게 애착을 느끼며, 떨어지면 불안해하기도 합니다.
- 다른 사람의 감정을 조금씩 이해하기 시작합니다.

(3) 사회성 발달
- 주 양육자와 강한 애착을 형성하고, 함께 있으면 안전을 느낍니다.
- 낯선 사람이나 큰 소리에 대한 두려움을 느낄 수 있습니다.

- 다른 사람과의 상호작용을 통해 사회성을 형성하기 시작합니다.

(4) 언어 발달
- 단어 사용이 증가하고, '엄마', '아빠' 등 1~2개의 단어를 말할 수 있습니다.
- 제스처 없이 한 마디의 말로 하는 명령어를 따를 수 있습니다.
- 자신의 욕구를 표현하거나, 다른 사람에게 요구할 때 언어를 사용합니다.

(5) 인지 발달
- 물체와 사람이 나타나고 사라지는 것에 대한 호기심을 보이며, 물체 영속성의 개념을 이해하기 시작하며 인지적 호기심과 탐색활동이 활발해집니다.
- 사물을 조작하고 탐색하며, 환경을 탐색하는 능력이 발달합니다.
- 일상과 놀이에서 간단한 규칙성을 경험하고 이해합니다.

2) 놀이코칭

(1) 안전한 환경 제공하기

아이가 안전하게 몸을 움직이며 다양한 동작을 경험할 수 있도록 집 안 환경과 아이 주변의 위험한 요소를 점검합니다. 집 안에 아이의 눈높이에 맞춰 모서리보호대를 설치하거나 미끄럽거나 부딪혀서 넘어질 수 있는 물건 등을 점검합니다.

(2) 아이의 감정에 공감하기

아이가 불안해하거나 울 때 즉각 반응하고, 다정한 목소리로 "엄마 여기 있어. 엄마가 안 보여 속상했구나"라고 안아 줍니다. 아이가 무엇을 느끼는지 말로 표현해 주며 공감합니다. 놀이 중 아이가 인형이 아프다고 할 때 "인형이 아프구나. 우리가 같이 돌봐주자"고 말하며 아이의 감정과 정서에 공감해 줍니다.

3. 3세

1) 우리 아이 발달 특성

◇주요 발달 특성
- 혼자 걷고 뛰며 몸을 움직이는 것을 좋아합니다.
- 탐색을 즐기며 자신의 놀이를 발달시킵니다.
- 자신의 정서를 강하게 표현합니다.

(1) 신체 발달
- 손이나 난간을 잡고 계단을 오를 수 있습니다.
- 손가락 움직임이 발달하여 간단한 장난감을 가지고 놀거나 그림을 끄적일 수 있습니다.
- 점점 독립적인 행동을 보이며, 혼자 걷거나 뛰어다니는 것을 즐깁니다.

(2) 정서 발달
- 분노, 부끄러움, 공포까지도 완성되지만 아직은 그 표현 방법이 세분화되지 못하여 대개 화를 내거나 짜증을 부리거나 우는 것으로 표현하는 경우가 있습니다.
- 주변 사람의 표정이나 감정에 관심을 표현합니다.
- 엄마, 아빠, 주 양육자와 떨어지면 불안해합니다.

(3) 사회성 발달
- '나'에 대한 인식이 생기면서 자기 생각대로 하려는 모습을 보입니다.
- 주 양육자와 함께 있을 때 안정감을 느낍니다.
- 다른 영아들과 함께 놀이를 하나 상호작용이 많지 않고 놀잇감이나 물건을 다른 사람과 나누기 어렵습니다.

(4) 언어 발달
- 다른 사람의 말을 따라 하려고 하고, 자신의 욕구를 말로 표현하려고 합니다.
- 그림책을 보며 그림 속의 행동을 잘 알아맞힙니다.
- 간단한 단어 두세 개를 이어 말하면서 의사소통을 합니다.

(5) 인지 발달
- 새로운 것에 호기심이 많고, 이것저것 만지며 탐색하기를 즐깁니다.
- 오감을 통해 사물을 탐색하고 의도적인 행동을 시도합니다.
- 눈과 손의 협응력을 통해 사물을 직접적으로 탐색하며 놀 수 있습니다.

2) 놀이코칭

(1) 주도적으로 탐색하고 충분한 기회 주기

자신만의 방법으로 놀이하고 있는 아이에게 본래 목적에 맞는 놀이법을 알려준다면 즐겁게 하던 놀이도 하기 싫어질 것입니다. 아이가 위험하게 놀이하고 있지 않다면 아이가 스스로 탐색하고 시도하는 놀이를 인정해 주어 주도성과 집중력을 길러 줍니다.

(2) 예측 가능한 환경을 경험하도록 하기

아이는 반복적인 놀이 경험을 통해 다음에 일어날 일이나 활동의 순서를 자연스럽게 예측하게 됩니다. 이러한 경험은 아이에게 정서적인 안정감을 제공할 뿐만 아니라, 자신의 행동을 계획하고 조절하는 자기조절 능력의 발달로 이어집니다. 예를 들어, 매일 놀이 시작 전 '정리 노래'를 들으면 정리가 시작된다는 것을 예측하고 스스로 준비하게 됩니다. 또는 역할놀이 시 '요리 → 식사 → 설거지'와 같은 구조화된 놀이를 반복하면, 아이는 놀이의 흐름을 이해하고 다음 활동을 예상하면서 주도적으로 참여하게 됩니다.

4. 4세

1) 우리 아이 발달 특성

◇ 주요 발달 특성
- 기본 운동 기능이 발달하고 신체 움직임이 유연해집니다.
- 자신의 감정을 울거나 웃으며 자연스럽게 표현합니다.
- 혼자 놀기도 좋아하고, 다른 사람과 어울리기도 좋아합니다.

(1) 신체 발달
- 걷고 달리며, 계단을 오르내리거나 물건을 던지고 잡는 등 기본적인 움직임이 점점 능숙해집니다.
- 달리다 멈추는 등 움직임의 속도를 조절할 수 있게 됩니다.
- 세발자전거를 타려고 시도하거나 천천히 탈 수 있습니다.

(2) 정서 발달
- 기쁨, 슬픔, 분노, 두려움 등 다양한 감정을 표현하고, 울음, 웃음, 칭얼거림 등을 통해 자신의 감정을 표현합니다.
- 자기와 타인을 구분하고, 스스로를 '나'로 인식하기 시작합니다.
- 스스로 밥을 먹거나 옷을 입으려는 모습이 보이며, 혼자서 하려는 마음이 강해집니다.

(3) 사회성 발달

- 장난감으로 혼자 노는 것을 즐기고, 책을 보거나 그림 그리기 등 혼자만의 시간도 잘 보냅니다.
- 또래 친구와 함께 놀거나 어른과 대화하며 사람들과 어울리는 것을 좋아합니다.
- 낯선 사람이나 새로운 환경에서는 낯을 가리기도 합니다.

(4) 언어 발달

- 말을 할 때 상대의 얼굴을 바라보며 간단한 대화를 주고받을 수 있습니다.
- 자기 이름, 물건 이름, 동물이나 꽃, 가족 호칭 같은 익숙한 단어를 알고 부릅니다.
- 짧은 이야기나 동요, 노래를 즐겁게 듣습니다.

(5) 인지 발달

- 물건이나 사람에 대한 호기심이 많고, 그 이름과 쓰임을 조금씩 알아갑니다.
- 어떤 일이 일어난 이유와 그 결과에 관심을 갖고 이해하려고 합니다.
- 주변을 둘러보며 만지고 놀면서 새롭고 재미있는 것을 탐색하는 걸 좋아합니다.

2) 놀이코칭

(1) 일상생활에서의 경험이 의미 있도록 하기

일상에서의 경험(빵가게에서 빵을 고르고 계산하기, 마트에서 장을 보고 요리하기)이 많이 쌓일수록 놀이로 표현하는 능력이 발달합니다.

(2) 또래와의 놀이 경험하기

또래와의 놀이가 발달적으로 어려운 시기이지만 한 공간에서 놀이하며 또래를 인식하게 됩니다. 자기중심성이 강한 시기여서 또래와 분쟁이 생기는데 이때, 아이가 표현하고자 하는 것을 모델링으로 보여 주어 사회성 발달의 기초를 이룹니다.

5. 5세

1) 우리 아이 발달 특성

◇ 주요 발달 특성
- 친구나 가족과의 관계를 통해 사회성이 발달합니다.
- 자신의 감정을 표현하고 조절하는 능력이 자랍니다.
- 놀이를 통해 생각하고 문제를 해결하려 합니다.

(1) 신체 발달
- 걷기, 뛰기, 오르내리기, 자전거 타기 등 다양한 운동을 즐기고, 운동 능력이 향상됩니다.
- 손가락을 이용한 활동이 더욱 정교해지고, 그림 그리기, 블록 쌓기, 조작 놀이 등을 즐깁니다.
- 활동량이 많아지면서 체력이 좋아지고, 움직이는 힘도 강해집니다.

(2) 정서 발달
- 기쁨, 슬픔, 화, 짜증 등 다양한 감정을 표현하며, 감정 표현 능력도 향상됩니다.
- 스스로 결정하고 행동하는 것을 즐기며, 독립적인 성향이 강해집니다.
- "내가 할 수 있어!" 등의 스스로의 가치를 인정하고, 자신감을 키웁니다.

(3) 사회성 발달

- 친구와 함께 놀면서 차례를 기다리거나 도와주는 행동을 배워 갑니다.
- 가족, 친구, 주변 사람들에게 호감을 느끼고 관심을 보이며, 교감 능력도 향상됩니다.
- 스스로 옷을 입고, 음식을 먹고, 화장실을 가는 등 독립적인 행동을 시도합니다.

(4) 언어 발달

- 다양한 단어와 문장을 사용하며, 문장 구사 능력이 향상됩니다.
- 이야기를 들으면 내용을 이해하고 간단한 질문에 대답할 수 있습니다.
- 자기 생각이나 원하는 것을 말로 표현하려고 합니다.

(5) 인지 발달

- 그림을 보고 이야기하거나, 역할 놀이를 하며 상상력을 키웁니다.
- 문제를 만나면 여러 방법으로 해결하려고 시도하며 생각하는 힘이 자랍니다.
- 보고 듣고 만지는 다양한 감각을 통해 세상을 배우고 이해합니다.

2) 놀이코칭

(1) 상상놀이, 역할놀이가 확장되도록 경험 함께하기

아이가 좋아하는 놀이를 지속하고 확장할 수 있도록 관련된 경험을 함께 해 줍니다. 자동차에 관심 있는 아이라면 아이와 함께 버스정거장에서 버스를 기다리고, 요금을 내고, 목적지에 내리는 경험을 통해 아이는 놀이를 확장하여 복잡한 사고와 상상능력을 기르게 됩니다.

(2) 과정을 인정하고 격려해 주어 성취감을 느끼게 하기

결과보다 과정을 즐기고 스스로 노력한 부분에 성취감을 느낄 수 있도록 "열심히 칠했네, 힘들어도 참고 해냈구나" 등 구체적인 과정에 대한 피드백으로 자존감과 자신감을 키워 줍니다.

6. 6세

1) 우리 아이 발달 특성

◇ 주요 발달 특성
- 자신의 신체를 능숙하게 조절할 수 있습니다.
- 언어 표현력과 문해력의 기초가 형성됩니다.
- 상징적인 놀이를 즐기며 논리적 사고력이 발달합니다.

(1) 신체 발달
- 뛰어놀기, 공놀이, 가위질 같은 활동을 통해 대근육과 소근육이 고루 발달합니다.
- 공간의 특성을 이해하며, 다양한 지형에서도 몸의 움직임을 잘 조절할 수 있습니다.
- 다양한 형태의 놀이터 시설을 어려움 없이 오르내릴 수 있는 신체 능력을 갖추고 있습니다.

(2) 정서 발달
- 기쁨, 슬픔, 화남 같은 다양한 감정을 자연스럽게 표현하고, 자신의 감정을 점점 더 잘 알아차립니다.
- 화를 내는 이유가 뚜렷해지고, 자신이 원하는 것을 말로 표현할 수 있게 됩니다.
- 상상 속 괴물이나 어두운 곳 등 상상에 대한 두려움이 생길 수 있습니다.

(3) 사회성 발달

- 친구들과 함께 노는 것을 좋아하며, 놀이를 통해 협동하고 경쟁하는 경험을 쌓아 갑니다.
- 다른 사람의 감정을 이해하고 공감하는 능력이 발달하며, 도와주려는 행동도 늘어납니다.
- 놀이나 활동 중에 정해진 규칙을 배우고, 그것을 지키려고 노력합니다.

(4) 언어 발달

- 사용하는 단어의 수가 많아지고, 문장을 완성도 있게 구성해 말할 수 있습니다.
- 글자나 숫자에 관심을 보이며, 읽고 쓰기를 위한 기초적인 모양을 구별할 수 있습니다.
- 이야기를 듣거나 다른 사람과 이야기 나누기, 노래 부르기를 즐깁니다.

(5) 인지 발달

- 어떤 일이 일어나는 원인과 결과를 생각할 수 있고, 상징적인 놀이를 잘합니다.
- 가능한 일과 불가능한 일을 구분할 수 있는 능력이 발달합니다.
- 아직은 지식이 완전하지 않아 직관적인 생각과 행동이 주로 나타납니다.

2) 놀이코칭

(1) 다양한 감정을 긍정적으로 표현하기

감정을 조절하고 표현하는 능력이 풍부해지고 있습니다. 나와 다른 사람의 감정을 이해하고, 부정적인 감정 또한 공감해 준 후 긍정적으로 표현하는 방법을 지도하여 자기조절 능력을 키워 줍니다.

(2) 호기심과 사고력이 확장되게 하기

간단한 실험놀이(물에 뜨는 것과 가라앉는 것 관찰)를 통해 호기심을 자극합니다. 또한, 퍼즐 맞추기, 숨은 그림 찾기 같은 놀이로 논리적 사고력을 기릅니다. "이렇게 하면 어떻게 될까?" 같은, 아이가 궁금해하는 것들을 함께 탐구하며, 스스로 답을 찾아보도록 유도합니다.

7. 7세

1) 우리 아이 발달 특성

◇ 주요 발달 특성
- 신체 조절 능력과 협응력이 크게 향상됩니다.
- 감정 표현과 공감 능력이 발달하며 정서적으로 성숙해집니다.
- 논리적 사고와 탐구 능력이 발달하여 스스로 문제를 해결하려고 합니다.

(1) 신체 발달
- 소근육 조절이 보다 자유롭게 되어 손가락 움직임이 더욱 정교해지고, 협응력이 향상됩니다.
- 춤, 놀이, 운동, 게임 등 다양한 활동에 필요한 유연성, 균형감, 협응 능력이 발달합니다.
- 장애물을 뛰어넘는 등 다양한 운동을 할 수 있습니다.

(2) 정서 발달
- 다양한 감정을 표현하고 이해하는 능력이 발달합니다.
- 호기심이 많고 새로운 시도에 쉽게 흥미를 느낍니다.
- 다른 사람의 감정을 이해하고 공감하는 능력이 발달합니다.

(3) 사회성 발달

- 협동하기, 돕기, 타협하기 등의 사회적 기술을 배우고, 다른 사람과 상호작용하는 능력이 향상됩니다.
- 스스로 해결하려는 의지와 책임감이 높아집니다.
- 친구들과 함께 다양한 활동을 즐기고, 협동심을 키워 나가며 사회성을 발달시킵니다.

(4) 언어 발달

- 어휘 수가 늘어나고 문장 구성이 정확해지며, 성인의 언어와 유사하게 말합니다.
- 다양한 문장 구조를 사용하고 표현하는 능력이 발달합니다.
- 자신의 생각과 감정을 언어로 표현하는 능력이 향상됩니다.

(5) 인지 발달

- 논리적 사고를 통해 문제를 해결하고 이해하는 능력이 발달합니다.
- 사물의 작용, 사용 방법, 문제 해결에 대한 흥미가 높아지고, 적극적으로 탐구하며 해결하려는 자세가 나타납니다.
- 상황을 분석하고 추론하여 원인과 결과에 대한 예측을 할 수 있습니다.

2) 놀이코칭

(1) 다른 사람과 협력하고 소통하는 놀이 제공하기

협동놀이, 규칙이 있는 놀이를 통하여 놀이 중 다툼이 발생하면 "어떻게 해결하면 좋을까?"라고 물어보며 스스로 해결할 기회와 연습이 필요합니다. 또래관계에서 언어적 의사소통(내용, 음량, 목소리 톤 등)과 비언어적 의사소통(눈 맞춤, 얼굴 표정, 몸짓 등)은 사회적 상황과 정서를 인식하고 실행할 수 있는 능력을 키워 줍니다.

(2) 감정 표현과 자존감을 키우는 공감 상호작용하기

아이의 감정을 알아차리고 표현할 수 있도록 돕는 것이 자존감 형성에 중요합니다. 하루 중 기뻤던 일, 속상했던 일, 고마웠던 일을 그림 또는 말로 표현해보며 아이의 말을 끊지 않고 끝까지 듣고, 감정을 "그랬구나, 속상했겠다" 등으로 공감해 줍니다.

1. 온 가족 놀이의 필요성

온 가족이 모두 필요할까?

아이에게 가장 많은 시간을 함께 보내는 주 양육자의 역할은 매우 중요합니다. 하지만 그에 못지않게 아버지, 어머니, 조부모, 삼촌, 이모 등 다양한 가족 구성원과의 관계도 아이의 성장에 큰 영향을 미칩니다.

특히 영유아기는 정서와 사회성이 빠르게 발달하는 시기이기 때문에, 다양한 가족과 따뜻하게 상호작용하며 놀이하는 경험이 아이의 전인적 발달을 도와줍니다.

연구에 따르면 이 시기에 가족들과 긍정적인 놀이 경험을 한 아이는 성인이 되었을 때 사회성, 창의성, 정서적 안정감이 높고, 학습 능력과 문제해결력도 뛰어난 것으로 나타났습니다.

또한 가족이 함께 놀이에 참여하면 아이는 자신이 사랑받고 있다고 느끼며, 안정감을 갖고 감정을 조절하는 법도 배웁니다. 가족과 함께 어울리는 시간은 아이가 또래 친구들과 관계를 맺고, 갈등을 해결하고 협력하는 사회적 기술을 익히는 데도 도움이 됩니다.

무엇보다, 온 가족이 함께하는 놀이는 모두가 웃고 공감하며 사랑을 나누는 소중한 시간입니다. 아이는 이 시간을 통해 자존감을 키우고, 가족은 서로의 마음을 더 깊이 이해하게 됩니다.

온 가족이 함께하는 놀이는 아이의 건강한 발달을 도울 뿐 아니라, 가족 모두가 서로를 이해하며 소통하는 뜻깊은 경험이자 함께 배우고 성장하는 소중한 시간을 만들어 줍니다.

2. 온 가족 놀이 효과

놀이가 영유아 발달에 긍정적인 영향을 준다는 것은 이미 잘 알려져 있습니다. 이 책은 그중에서도 '온 가족이 함께하는 놀이'에 주목하여, 신체, 정서, 인지, 사회, 창의성의 다섯 영역에서 아이와 가족에게 어떤 도움이 되는지를 설명합니다. 이를 통해 온 가족 놀이가 아이의 전인적 발달에 어떻게 기여하는지를 쉽게 이해할 수 있도록 소개합니다.

신체적 발달	균형	민첩성	지구력
정서적 발달	성취감	친밀감	주도성
인지적 발달	언어이해	집중력	탐구력
사회적 발달	공감	자존감	협동심
창의성 발달	문제해결	기발함	유창성

1) 신체적 발달

놀이는 아이가 활동을 즐겁게 참여하도록 동기를 유발하며, 신체 발달에 중요한 역할을 합니다. 영유아는 놀이를 통해 많이 움직이고, 안기거나 빠르게 이동하고, 구르기와 같은 다양한 동작을 시도하면서 에너지를 충분히 사용하게 됩니다. 이러한 전신 활동은 아이의 운동 능력과 신체

협응력을 자연스럽게 높여 주며, 건강한 신체 발달은 이후 전반적인 성장의 기초가 됩니다.

(1) 균형

균형은 몸을 움직이거나 멈춰 있을 때 몸의 중심을 안정적으로 유지하는 능력입니다. 이 능력이 잘 발달한 아이는 걷기, 달리기, 뛰기와 같은 일상적인 활동뿐 아니라 놀이와 운동에서도 더욱 안정감 있게 움직일 수 있습니다. 또한, 균형 감각은 몸의 조절 능력을 키워 주어 자신감 있는 신체 표현으로 이어집니다.

(2) 민첩성

민첩성은 순간적인 변화에 빠르게 반응하고, 몸을 유연하게 움직이는 능력입니다. 놀이를 통해 아이는 방향을 전환하거나 장애물을 피하는 등 다양한 동작을 시도하며 민첩성을 키워 갑니다. 이는 스포츠나 신체 활동에서 빠르고 효율적으로 움직일 수 있도록 도와주며, 위험 상황에서 자기 몸을 잘 보호할 수 있는 반사적 조절 능력으로 이어집니다.

(3) 지구력

지구력은 오랜 시간 활동을 지속할 수 있는 능력으로, 신체적 에너지뿐 아니라 정신적인 인내력과 집중력과도 관련이 있습니다. 예를 들어, 몸을 타고 오르거나 매달리는 놀이를 통해 아이는 팔과 다리의 근육을 사용하며 자신의 몸을 조절하는 힘을 기르게 됩니다. 이러한 활동은 근력과 함께 지구력을 자연스럽게 발달시키고, 어려운 상황에서도 포기하지 않고 지속하려는 태도를 기르는 데 도움을 줍니다.

2) 정서적 발달

놀이는 아이가 자신의 감정을 자연스럽게 표현하고 조절하는 방법을 배우는 중요한 경험입니다. 놀이를 통해 스트레스를 해소하고 부정적인 감정을 표출하며, 점차 자신에 대한 긍정적인 인식과 자신감을 형성하게 됩니다. 특히 가족과 함께하는 놀이는 정서적 안정감을 높여 주고, 타인과의 교감 능력도 향상시킵니다.

(1) 성취감

성취감은 놀이 중 목표를 이루거나 어려움을 극복하면서 느끼는 만족감과 자신감입니다. 아이가 '할 수 있다'는 경험을 반복할수록 도전하고 싶은 마음이 커집니다. 이때 "해냈구나!", "어제보다 더 잘했네!"와 같은 구체적인 피드백은 아이의 자존감과 자기 효능감을 높이는 데 큰 도움이 됩니다. 이러한 과정은 노력의 가치를 배우고 새로운 도전에 긍정적인 태도를 갖도록 이끌어 줍니다.

(2) 친밀감

친밀감은 함께 놀이하며 생기는 따뜻한 정서적 연결입니다. 놀이 속에서 자연스럽게 이루어지는 스킨십은 아이에게 안정감과 신뢰를 심어 주며, 가족의 애정과 관심을 몸으로 느끼게 합니다. 이러한 경험은 아이가 스스로를 소중하게 여기게 하고, 가족뿐만 아니라 또래와의 관계에서도 배려와 존중, 협력의 태도를 배우게 만듭니다.

(3) 주도성

주도성은 놀이 활동을 스스로 계획하고 이끌어 가는 능력입니다. 아이가 자신의 방식내로 놀이를 시작히고 이어 갈 수 있도록 존중받을 때, 더 많은 아이디어가 떠오르고 놀이가 자연스럽게 확장됩니다. 이는 자율성과 책임감을 키우고, 선택에 대한 자신감을 높이며, 문제 해결 능력까지 함께 기를 수 있는 기회가 됩니다.

3) 인지적 발달

놀이는 아이의 언어 능력, 사고력, 문제 해결력, 창의성 등을 자연스럽게 발달시키는 중요한 활동입니다. 놀이 속에서 아이는 상대방과 소통하고 규칙을 정하며 상황을 해결해 나가는 과정에서 언어를 사용하고, 생각을 확장하며, 세상에 대한 이해를 넓혀 갑니다. 또한, 상상력과 탐구심을 바탕으로 집중력을 기르고, 다양한 문제에 능동적으로 대응하는 방법을 익히게 됩니다.

(1) 언어 이해

놀이는 아이가 언어를 듣고 말하는 능력을 자연스럽게 키울 수 있는 환경을 제공합니다. 역할놀이나 협동놀이를 통해 새로운 단어를 익히고 문장의 의미를 이해하며, 자신의 생각과 감정을 표현하는 연습을 하게 됩니다. 가족과의 상호작용 속에서 말하기와 듣기가 반복되며, 일상 속 언어를 실제 상황에 적용하는 능력이 자라납니다.

(2) 집중력

집중력은 아이가 놀이에 몰입하면서 생기는 자연스러운 발달입니다. 아이가 흥미로운 활동에 오랜 시간 주의를 기울이며 규칙을 따르고, 세부적인 요소에 집중하는 능력이 향상됩니다. 이러한 경험은 일상생활에서도 주의력을 유지하고 자기조절력을 기르는 데 긍정적인 영향을 줍니다.

(3) 탐구력

탐구력은 아이가 놀이를 통해 주변 세계에 호기심을 갖고 스스로 질문하며 문제를 해결하려는 능력입니다. 가족과 함께하는 놀이 속에서 아이는 사람의 행동을 관찰하고, 환경이나 사물의 특징을 알아 가며 탐색 활동을 확장합니다. 예를 들어 수건놀이를 할 때, 수건을 흔들거나 뺏으려는 행동 속에서 아이는 상대의 반응을 관찰하고 스스로 행동을 조절하며 다양한 방법을 시도해 봅니다. 이처럼 놀이를 통해 원인과 결과를 이해하고, 새로운 해결 방법을 모색하며 사고의 깊이가 자라납니다.

4) 사회적 발달

놀이는 아이가 타인과의 관계 속에서 소통하고 협력하는 방법을 자연스럽게 익히는 중요한 과정입니다. 가족과 함께하는 놀이를 통해 아이는 감정을 나누고, 배려하며, 함께하는 즐거움을 경험하게 됩니다. 이러한 경험은 자신감과 성취감을 키우고, 주변 사람들과 긍정적인 관계를 형성하는 데 도움을 줍니다.

(1) 공감

공감은 아이가 타인의 감정을 이해하고 함께 느끼는 능력입니다. 놀이를 하며 상대의 표정과 행동을 살피고, 그 감정을 자연스럽게 받아들이면서 감정의 흐름을 함께 경험하게 됩니다. 역할놀이나 상황극처럼 감정을 표현하는 활동을 통해 아이는 상대의 입장에서 생각하고, 더 깊이 있는 감정 교류를 하게 됩니다.

(2) 자존감

자존감은 아이가 스스로를 소중히 여기고 자신의 가치를 긍정적으로 인식하는 능력입니다. 가족과의 따뜻한 놀이 속에서 아이는 사랑받고 있다는 감정을 느끼며, '나는 중요한 존재'라는 자기 인식을 키워 갑니다. 이러한 경험은 어려운 상황에서도 자신을 믿고 도전할 수 있는 마음의 힘이 되어 줍니다.

(3) 협동심

협동심은 함께 놀이하며 목표를 이루기 위해 서로 도와주고 역할을 나누는 능력입니다. 형제나 가족과 함께하는 놀이 속에서 아이는 양보하고 기다리는 법, 상대방을 응원하고 격려하는 태도를 배웁니다. 이런 경험은 사회생활 속에서 타인과 조화를 이루고 긴강한 관계를 유지하는 데 큰 밑거름이 됩니다.

5) 창의성 발달

온 가족이 함께하는 놀이는 아이가 다양한 놀이를 통해 창의성을 발달시키는 중요한 기회입니다. 가족 구성원들의 참여로 놀이가 다채로워지며, 아이는 이를 통해 새로운 아이디어를 시도하고 창의적으로 표현하는 방법을 배우게 됩니다. 놀이를 하면서 아이는 상상력을 발휘하고, 기존의 것들을 재구성하여 새로운 결과물을 만들어 냅니다. 이 과정에서 아이는 놀이에 몰입하고 즐거움을 느끼며, 스스로 재미를 찾고 놀이 자체를 중요하게 여기면서 창의성이 더 잘 발달합니다.

(1) 문제 해결

놀이를 통해 아이는 문제를 인식하고 다양한 방법을 시도하며 해결책을 찾는 능력을 키웁니다. 놀이 과정에서 아이는 상대방과 소통하며 의견을 나누고, 때로는 다툼을 해결하면서 슬기롭게 문제를 풀어갑니다. 이를 통해 아이는 자신의 생각을 표현하고, 타인의 생각을 존중하는 방법을 배우게 됩니다.

(2) 기발함

기발함은 아이가 놀이 중에 독창적인 아이디어를 자유롭게 표현하며 새로운 방법을 찾아내는 능력입니다. 아이는 놀이 속에서 기존의 것을 새롭게 조합하거나, 전혀 다른 방식으로 문제를 해결하려는 시도를 하며 상상력을 발휘합니다. 이러한 기발한 아이디어는 놀이를 더욱 풍부하고 다채롭게 만들어 줍니다.

(3) 유창성

유창성은 아이가 다양한 방식으로 사고를 확장하고, 자유롭게 아이디어를 표현하는 능력입니다. 놀이 속에서 아이는 여러 가지 아이디어를 빠르게 생각하고, 다양한 가능성을 제시하며 창의적 사고를 연습합니다. 이는 아이가 문제 해결을 위해 다각도로 사고하며, 새로운 해결책을 찾는 능력을 기르는 데 큰 도움이 됩니다.

3. 온 가족 놀이의 핵심

1) 특별한 준비 없이 가족과 함께 바로 할 수 있는 놀이

아이와 놀이할 때 부담을 느끼는 가족이 많지만, 중요한 것은 '무엇을' 하느냐보다 '어떻게' 하느냐입니다. 온 가족 놀이는 특별한 준비 없이 집에 있는 물건만으로도 충분히 시작할 수 있습니다. 중요한 건 아이의 놀이 흐름을 존중하고 자연스럽게 반응하며 함께 즐기는 것입니다. 놀이의 핵심은 함께 웃고 소통하는 데 있습니다.

2) 아이의 발달이 자극되는 일상 속 놀이

풍선을 던지고, 방을 뛰어다니는 단순한 놀이도 가족이 활기차게 함께 하면 아이에게 큰 즐거움이 됩니다. 아이는 가족의 밝은 에너지에 반응하며 놀이에 더 몰입하게 됩니다. 이 과정에서 가족과 아이는 서로의 감정과 반응을 주고받으며 자연스럽게 소통하고, 놀이를 통해 즐겁게 배우고, 스스로 자라나는 힘을 키울 수 있습니다.

3) 아이와 가족이 함께 성장하는 놀이

가족과 함께하는 놀이는 아이의 정서 발달뿐 아니라 가족 모두의 마음을 편안하게 해 줍니다. 함께 웃고 움직이는 시간은 스트레스를 줄이고, 서로의 애정을 표현하는 자연스러운 방법이 됩니다. 이 따뜻한 경험은 가족 간의 유대를 깊게 하고, 아이가 사회 속에서 긍정적인 관계를 맺는 데에도 큰 힘이 됩니다.

1. 놀이에 사용되는 일상적 도구 소개

우리 주변에서 또는 가정에서 흔히 사용하는 도구와 가족의 스킨십으로 놀이합니다.

 큰 이불과 작은 이불

 다양한 크기의 베개

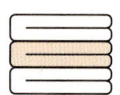 손쉽게 준비할 수 있는 수건

 여러 권의 동화책

 많은 양의 종이컵

 신문 또는 이면지 등 재활용종이

 사용한 페트병

 크고 작은 박스

 두루마리 휴지

2. 놀이 방법

1) 실내놀이 레시피

이불놀이
이불 번지
이불 어부
이불 낙하산
이불 집 만들기
이불 김밥말이
이불 그네
이불 언덕
이불 썰매

베개놀이
베개 징검다리
베개 높이뛰기
베개 격파
베개 옮기기
베개 싸움
베개 수영

수건놀이
수건 타워
수건 피구
수건 꼬리잡기
수건 술래잡기
수건 막대놀이
수건 줄다리기

책놀이
책 징검다리
책 탑 쌓기
책 볼링
책 도미노
책 야구

종이컵놀이
종이컵 높이뛰기
종이컵 낙하산
종이컵 낚시
종이컵 동아줄
종이컵 화가
종이컵 사탕 찾기

종이놀이
종이 수영장
종이 격파
종이 달리기
종이 검투사
종이 공놀이
종이 스쿠프

페트병놀이
페트병 불기
페트병 자치기
페트병 볼링
페트병 마라카스
페트병 마사지
페트병 피하기

박스놀이
박스 터널
박스 두더지 잡기
박스 캐치볼
박스 주사위
박스 비밀상자
박스 태풍

휴지놀이
휴지 날리기
휴지 빨래 널기
휴지 굴리기
휴지 미라
휴지 거미줄
휴지 당기기
휴지 던지기
휴지 징검다리

힘겨루기
손바닥 씨름
엉덩이 씨름
발바닥 씨름
로데오놀이
양말 벗기기

몸으로 표현
몸으로 말해요
거울놀이
청기 백기
몸 통과하기
종이 떨어트리기

아빠랜드
아빠 철봉
아빠 역도
아빠 비행기
아빠 풍차
아빠 암벽 등반
아빠 계단

이불 번지

이불을 두껍게 접고 높은 곳에 올라가 이불 위로 뛰어내리는 놀이

* 놀이가 가능한 연령 : 1세~7세
* 준비물 : 두꺼운 이불

◎ 놀이 방법

1. 이불 위로 뛸 수 있도록 충분한 공간을 마련한 후 푹신하고 두툼한 번지대를 만들어 주세요.

    "두껍게 뭉쳐진 이불 위로 뛰어 볼까?"

    "도움이 필요하면 두 손을 꼭 잡아 줄게."

2. 놀이를 진행하며 안전에 필요한 설명을 합니다.

    "이불 가운데로 뛰어 착지하고, 미끄러지지 않도록 주의하자."

◎ 확장놀이

1. 높이가 다른 의자, 소파 등으로 높이와 거리를 다양하게 해 봅니다.
2. 이불로 언덕을 만들어 옆으로, 앞으로 굴러 넘어가는 놀이를 합니다.

✏ 전문가 한마디

높은 곳에서 뛰어내리는 경험은 아이에게 용기와 도전정신을 키워 주며, 성공 경험은 자신감으로 연결됩니다.

신체	균형	민첩성	지구력
정서	성취감	친밀감	주도성
인지	언어이해	집중력	탐구력
사회	공감	자존감	협동심
창의성	문제해결	기발함	유창성

이불어부

작은 이불로 도망가는 물고기를 잡는 놀이

* 놀이가 가능한 연령 : 2세~7세
* 준비물 : 얇은 이불

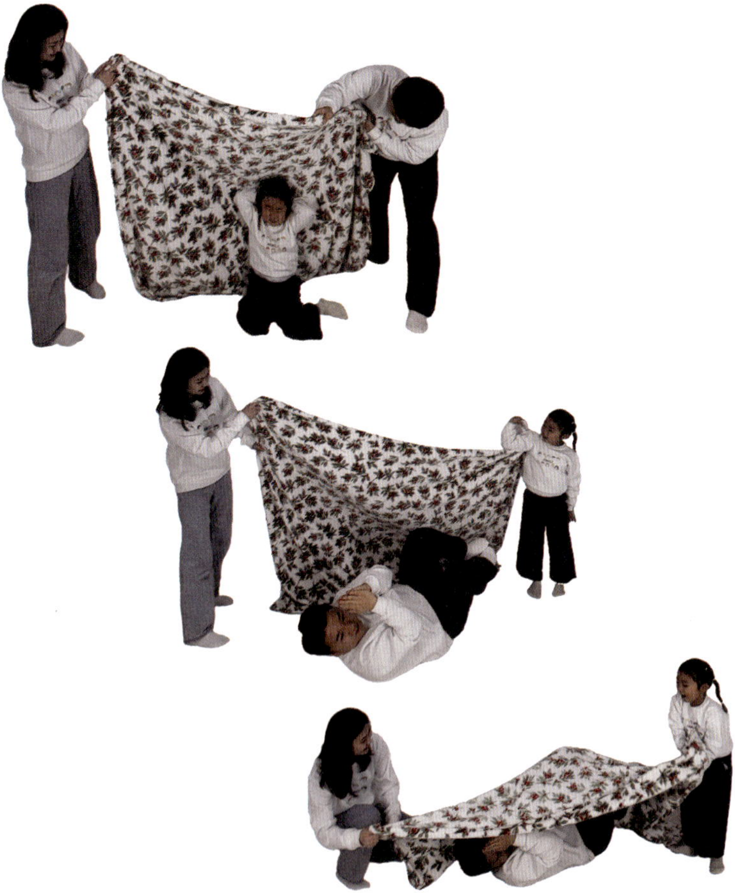

◎ 놀이 방법

1. 이불과 물고기 관련 놀잇감을 아이 눈에 띄는 곳에 놓아주세요.

    관심을 보이면 함께 탐색하고 놀이를 시작합니다.

    "물고기는 어떻게 헤엄칠까?"

2. 이모가 먼저 바닥에서 물고기 흉내를 내어 봅니다.

    "이모가 이불그물을 던져 ○○이 물고기를 잡을 거야. 그럼 ○○이는 물고기는 그물을 피하는 거야."

    "어부님, 저는 크고 재주 많은 돌고래랍니다! 잡으세요!"

◎ 확장놀이

손으로 뿔을 만들어 이불로 달려드는 투우놀이를 합니다.

✏️ 전문가 한마디

물고기를 잡을 수 있는 주변 환경과 사물을 탐구하고 물고기를 잡을 수 있는 다양한 아이디어를 생각하여 창의성과 탐구력을 키울 수 있습니다.

신체	균형	민첩성	지구력
정서	성취감	친밀감	주도성
인지	언어이해	집중력	탐구력
사회	공감	자존감	협동심
창의성	문제해결	기발함	유창성

이불 낙하산

이불 위에 놓은 인형 등을 높게 던져 올리는 놀이

* 놀이가 가능한 연령 : 2세~7세
* 준비물 : 두꺼운 이불

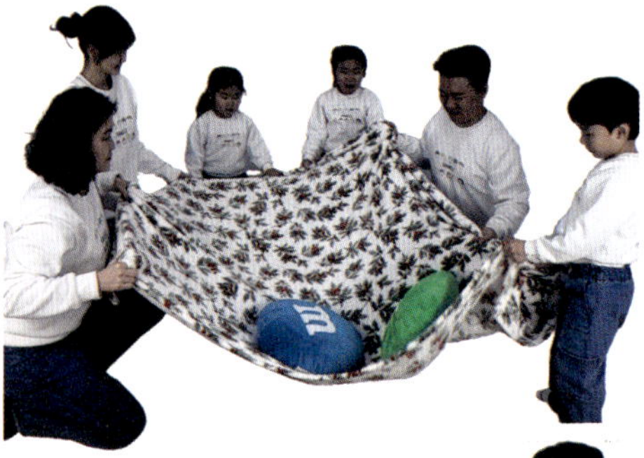

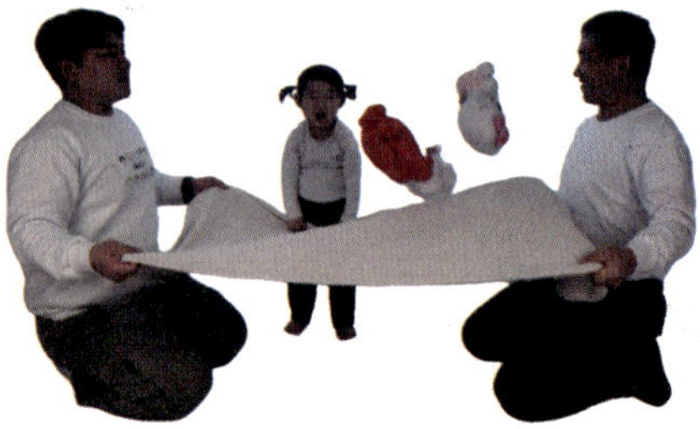

◎ **놀이 방법**

1. 이불 낙하산의 모서리를 잡고 위로 높게 흔들어 봅니다.
2. 이불 낙하산에 아이가 원하는 인형을 놓아줍니다.

   "인형을 높게 날려 볼까?"

   "어떻게 하면 높게 보낼 수 있을까?"

   "우리 함께 해 보자. 하나, 둘, 셋!"
3. 낙하산에서 인형이 떨어지지 않도록 함께 규칙을 정해 봅니다.

◎ **확장놀이**

연령에 따라 가벼운 풍선부터 무거운 베개까지 다양한 놀잇감 및 소품을 활용합니다.

✎ **전문가 한마디**

이불 낙하산을 흔들며 던지는 과정에서 서로 배려해야 놀이가 이루어짐을 이해하고 함께하는 놀이 속에서 긍정적인 사회적 관계가 생깁니다.

신체	균형	민첩성	지구력
정서	성취감	친밀감	주도성
인지	언어이해	집중력	탐구력
사회	공감	자존감	협동심
창의성	문제해결	기발함	유창성

이불 집 만들기

집에 있는 다양한 가구로 이불 집 만들기

* 놀이가 가능한 연령 : 1세~7세
* 준비물 : 두꺼운 이불

이불놀이

◎ 놀이 방법

1. 집에 있는 이동이 가능한 가구나 도구를 사용하여 거실에서 집을 만들어 보자고 제시합니다.

    "어떻게 해야 재미있는 집을 만들 수 있을까?"

2. 담요나 이불 등을 제공하여 큰 집을 만들어 봅니다.

    "우리 집처럼 크다. 놀잇감을 가지고 와서 요리해 볼까?"

3. 이불집 속에서 아이와 스킨십을 하며 작은 공간에서 느낄 수 있는 편안함을 느껴 봅니다.

◎ 확장놀이

이불집 안을 꾸며 역할놀이를 합니다.

✏️ 전문가 한마디

1. 튼튼한 집을 만들기 위해 여러 가지 방법을 시도해보며 문제 해결력이 증진됩니다.
2. 생활 속에서 생기는 궁금한 것을 호기심을 가지고 탐구하는 과정을 즐기게 됩니다.

신체	균형	민첩성	지구력
정서	성취감	친밀감	주도성
인지	언어이해	집중력	탐구력
사회	공감	자존감	협동심
창의성	문제해결	기발함	유창성

Part 3 놀이 방법

이불 김밥말이

이불 위에 누운 아이를 굴리는 놀이

* 놀이가 가능한 연령 : 2세~7세
* 준비물 : 두꺼운 이불

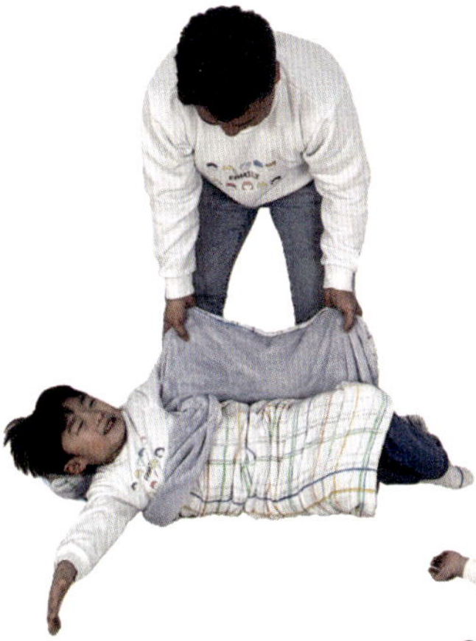

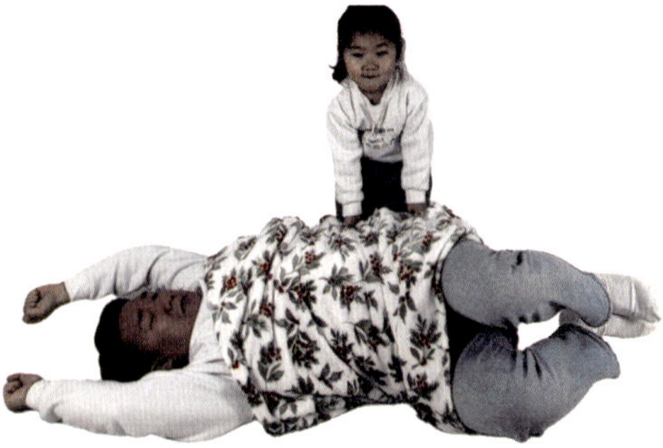

이불놀이

◎ 놀이 방법

1. 준비된 넓은 공간에 이불을 쭉 펴고 김밥을 말듯이 돌돌 말아 주세요.

    "김밥이 잘 말렸습니다. 맛있는 김밥이 출발합니다!"

    "○○이가 들어있는 김밥 팝니다. 김밥이 데굴데굴 굴러갑니다."

2. 역할을 바꾸어 놀이해 보세요.

    "삼촌김밥도 있어요! 힘차게 굴려 주세요."

    "삼촌김밥은 세 번이나 말아졌네! ○○이 힘이 대단한 걸!"

◎ 확장놀이

가족과 함께 양쪽 끝에서 함께 이불을 말며 놀이합니다.

✏️ 전문가 한마디

놀이를 통한 신체 접촉은 함께하는 사람과 친밀감이 형성되고 그로 인하여 스트레스 감소와 정서적인 안정감을 갖게 됩니다.

신체	균형	민첩성	지구력
정서	성취감	친밀감	주도성
인지	언어이해	집중력	탐구력
사회	공감	자존감	협동심
창의성	문제해결	기발함	유창성

이불 그네

이불 위에 누운 아이를 이불의 양 끝을 잡고 흔드는 놀이

* 놀이가 가능한 연령 : 1세~7세
* 준비물 : 두꺼운 이불

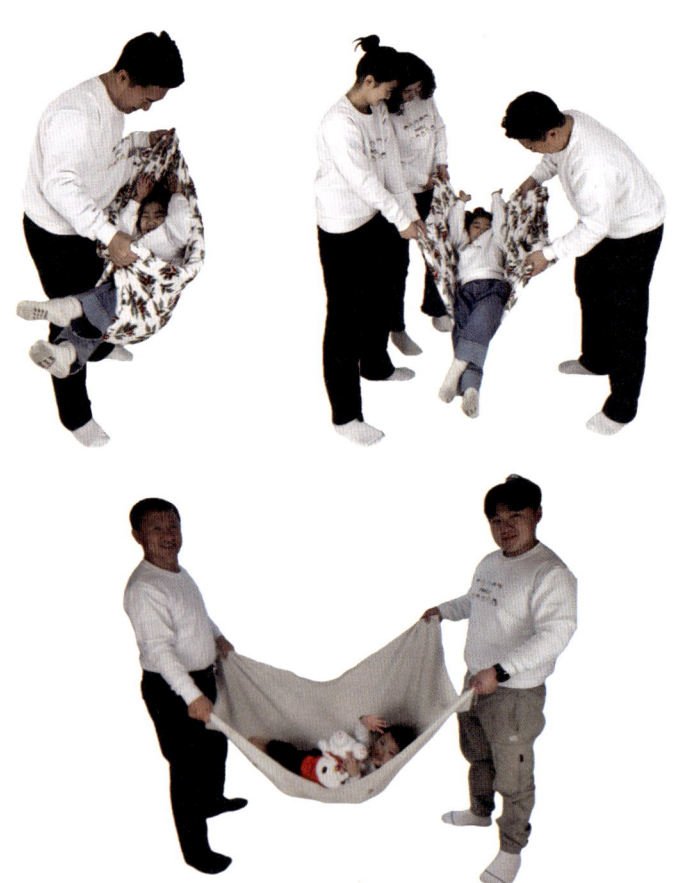

온 가족이 함께하는 놀이

이불놀이

◎ 놀이 방법

1. 이불 끝에 만세 자세로 누워 봅니다.

    "○○이 놀이공원에 오신 것을 환영합니다."

    "이불 위에 만세 자세로 누우면, 그네가 출발합니다."

    "안전을 위해 손은 머리 위로 올리고, 일어서거나 흔들어서는 안 됩니다!"
2. 가족 여럿이 함께 그네를 만들어 재미를 더합니다.
3. 동요를 부르며 박자에 맞춰 흔들어 주며 재미를 더합니다.

✏ 전문가 한마디

1. 가족의 운동능력이 필요한 놀이로 가족의 부상을 방지하기 위해 다리를 넓게 벌리고, 허리를 숙이지 않도록 주의합니다.
2. 다양한 추임새로 아이와 서로 공감하는 놀이가 되도록 격려와 칭찬을 합니다.

신체	균형	민첩성	지구력
정서	성취감	친밀감	주도성
인지	언어이해	집중력	탐구력
사회	공감	자존감	협동심
창의성	문제해결	기발함	유창성

Part 3 놀이 방법

이불 언덕

이불을 두껍게 접고 옆으로 구르는 놀이

* 놀이가 가능한 연령 : 2세~7세
* 준비물 : 아동 이불

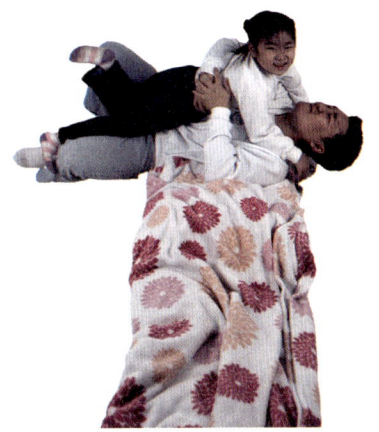

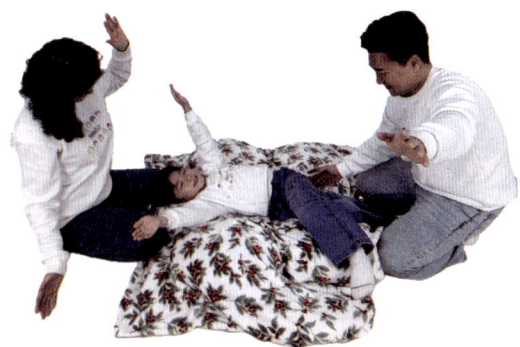

◎ 놀이 방법

1. 이불을 접어 언덕을 만들고

    "이불 언덕을 옆으로 굴러 넘어가 보자!"

    "다치지 않도록 만세 자세로 굴러 볼까?"

2. 앞이나, 옆으로 구르는 놀이를 합니다.

    "아빠랑 꼭 안고 더 크게 굴러 볼까요?

    "커서 잘 굴러가지 않네~ 우리 힘을 합쳐서 굴러 보자! 하나, 둘, 셋!"

◎ 확장놀이

이불을 길게 놓고 여러 번 구르거나, 높이를 조절합니다.

✏️ 전문가 한마디

1. 옆으로 굴러 넘는 동작은 몸의 근육을 사용하여 균형을 잡고, 코어 근육과 팔, 다리의 근육을 강화하는 데 도움이 됩니다.
2. 신체를 조절하는 능력이 향상되며 몸의 움직임을 조절하고, 바르게 반응하는 능력이 길러집니다.

신체	균형	민첩성	지구력
정서	성취감	친밀감	주도성
인지	언어이해	집중력	탐구력
사회	공감	자존감	협동심
창의성	문제해결	기발함	유창성

이불 썰매

이불 위에 앉은 아이를 이불 양 끝을 잡고 끌어 주는 놀이

* 놀이가 가능한 연령 : 1세~7세
* 준비물 : 아동 이불

🎯 놀이 방법

1. 이불 끝에 만세 자세로 눕거나 양 끝을 잡고 앉아 봅니다.

    "고속열차 출발합니다!"

    "이불 위에 만세 자세로 누우면, 썰매가 출발합니다."

    "안전을 위해 손은 이불을 꼭 잡아 주세요!"

2. 역할을 바꿔 가며 놀이합니다.
3. 좋아하는 놀잇감을 가져와 끌어 보며 놀이합니다.

🎯 확장놀이

이불 썰매에 태우고 싶은 소품을 놓고 목표지점을 돌아오는 게임을 합니다.

✏️ 전문가 한마디

아이의 신체와 감각을 사용하여 놀이가 진행되며, 특히 스스로 몸의 균형을 유지하기 위해 자신의 무게 중심을 유지하는 방법을 익힙니다.

신체	균형	민첩성	지구력
정서	성취감	친밀감	주도성
인지	언어이해	집중력	탐구력
사회	공감	자존감	협동심
창의성	문제해결	기발함	유창성

베개 징검다리

베개로 징검다리를 만들어 건너가는 놀이

* 놀이가 가능한 연령 : 1세~7세
* 준비물 : 베개

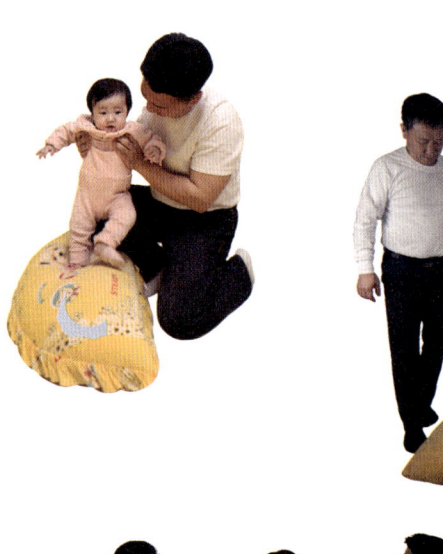

◉ 놀이 방법

1. 베개로 징검다리처럼 바닥에 놓아주세요. 아이의 보폭을 고려하며 연달아 붙여놓아도 좋아요.

    "베개로 징검다리를 만들어 건너 볼까?"

2. 아이가 관심을 보이면 간단한 규칙을 설명합니다.

    "베개는 느낌이 어때? 푹신하고 부드럽지? 넘어지지 않도록 비행기 팔을 만들어 건너 보자!" "여기는 정글! 악어 떼를 피해 늪을 건너야 합니다!"

3. 시범을 보여 주고 혼자 하기 어려워하면 옆에서 손을 잡아 주세요.

◉ 확장놀이

1. 베개의 간격을 넓게 해 뛰어넘는 놀이를 합니다.
2. 작은 쿠션, 길게 말아 놓은 이불 등을 사용하여 다양한 징검다리로 만들어 놀이합니다.

✏️ 전문가 한마디

베개 위를 걸으면서 아이들은 자연스럽게 균형 감각을 기르고, 다양한 신체 자세를 조정하는 능력을 키울 수 있습니다.

신체	균형	민첩성	지구력
정서	성취감	친밀감	주도성
인지	언어이해	집중력	탐구력
사회	공감	자존감	협동심
창의성	문제해결	기발함	유창성

베개놀이

Part 3 놀이 방법

베개 높이뛰기

베개를 단계별로 쌓아 올리며, 높이 뛰어넘는 놀이

* 놀이가 가능한 연령 : 2세~7세
* 준비물 : 베개

◎ **놀이 방법**

1. 쌓아 올린 베개를 뛰어넘는 놀이 방법을 설명합니다.

    "두 발을 모아 뛰어서 베개를 넘는 놀이를 할 거야."

2. 점점 베개를 높이 쌓아 올려 봅니다.

    "○○는 몇 개까지 넘을 수 있을까?"

    "더 높이 도전하고 싶다면, 두 손을 꼭 잡아 줄게. 같이 힘을 합쳐 성공해 보자!"

◎ **확장놀이**

1. 높이뛰기의 형태를 바꾸어 멀리 뛰기, 연속 뛰기를 합니다.

✷ 손을 잡고 넘는 놀이에서 아이의 팔이 다칠 수 있습니다. 아이를 당겨 올리는 힘이 아닌, 아이가 가족 손에 매달려 있는 힘을 사용하도록 합니다.

✎ **전문가 한마디**

높이 뛰어넘는 동작에서 다리와 코어 근육을 사용하게 되어 근력 발달에 도움이 됩니다. 또한, 다리를 높이 들어 올려야 하므로 유연성도 함께 향상됩니다.

신체	균형	민첩성	지구력
정서	성취감	친밀감	주도성
인지	언어이해	집중력	탐구력
사회	공감	자존감	협동심
창의성	문제해결	기발함	유창성

베개놀이

베개 격파

발, 주먹, 머리 등을 사용해 베개를 격파하는 놀이

* 놀이가 가능한 연령 : 3세~7세
* 준비물 : 베개

베개놀이

◎ 놀이 방법

1. 베개 혹은 쿠션을 준비합니다.

    "주먹 지르기로 격파해 보자."

2. 발차기나 박치기로도 해 봅니다.

    "와! 발차기 격파가 강해서 베개가 멀리 갔네!"

    "이번에는 떨어지는 베개를 격파해 볼까?"

3. 아이가 격파하는 순간 베개를 날려 주며, 멀리 갈 수 있게 합니다.

◎ 확장놀이

가족이 떨어트리는 베개를 격파합니다.

✏️ 전문가 한마디

1. 신체를 신속하게 움직이며 몸의 균형과 근력을 기를 수 있습니다.
2. 아이는 베개에 집중하는 상황이 늘어나고 격파 횟수가 늘어나 자존감이 향상됩니다.

신체	균형	민첩성	지구력
정서	성취감	친밀감	주도성
인지	언어이해	집중력	탐구력
사회	공감	자존감	협동심
창의성	문제해결	기발함	유창성

베개 옮기기

머리에 베개를 올리고 중심을 잡아 옮기는 놀이

* 놀이가 가능한 연령 : 3세~7세
* 준비물 : 베개, 바구니

◎ 놀이 방법

1. 베개를 머리에 올리고 중심을 잡는 모습을 보여 줍니다.

    "머리에 베개를 올리고 걸어 볼까?"

2. 베개를 바구니 속에 넣어 보는 게임을 해 봅니다.

    "저기 빨래 바구니까지 가서 '안녕하세요' 인사를 해 볼까?"

    "베개가 쏙 들어가네. 그럼 우리 베개 3개를 누가 더 빨리 옮기나 시합해 보자."

◎ 확장놀이

1. 여러 개의 베개를 옮기거나 가족과 시합합니다.
2. 쿠션, 인형 등 다양한 놀잇감으로 옮기는 놀이를 합니다.
3. 블록이나, 막대 등을 다른 신체 부위에 올려 옮기는 놀이를 합니다.

✏️ 전문가 한마디

신체의 균형감각을 길러 주고 다양한 소품을 옮기며 탐구력과 문제해결력을 증진시켜 줍니다.

신체	균형	민첩성	지구력
정서	성취감	친밀감	주도성
인지	언어이해	집중력	탐구력
사회	공감	자존감	협동심
창의성	문제해결	기발함	유창성

베개 싸움

정해진 규칙에 따라 베개로 겨루는 놀이

* 놀이가 가능한 연령 : 5세~7세
* 준비물 : 베개

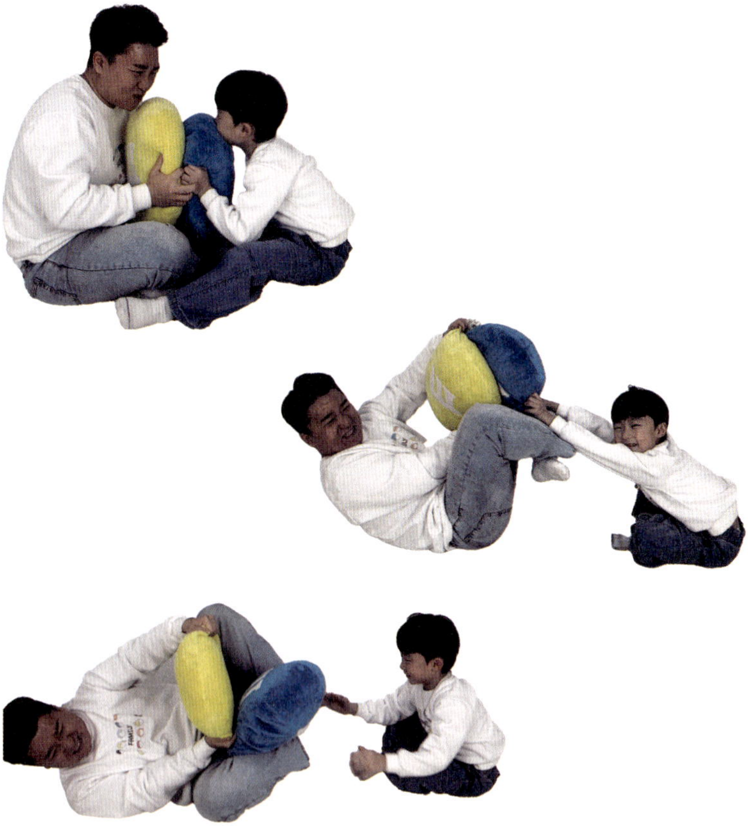

◎ 놀이 방법

1. 베개를 여러 개 준비하고 게임 규칙에 대해 이야기를 나눕니다.

    "안전하게 하기 위해서는 어떤 규칙을 정하는 것이 좋을까?"

    "그래 ○○의 생각처럼 항복하거나 넘어지면 멈추기로 하자!"

    "삼촌 생각도 말해 볼까?"

2. 규칙을 정하고 넓은 장소에서 신나게 베개 싸움을 합니다.

    "삼촌은 얼굴은 때리지 않기로 했으면 좋겠어!"

    "이번에는 삼촌이 무서운 호랑이로 변해야겠다! 어흥!"

◎ 확장놀이

베개를 던지고, 피하는 피구놀이를 합니다.

✏ 전문가 한마디

1. 두 명 이상이 참여하는 놀이는 협력과 경쟁을 통해 사회적 상호작용을 배우고, 규칙을 지키는 태도를 자연스럽게 기릅니다.
2. 경쟁적인 요소와 신체 활동이 결합되어 스트레스를 해소하고 기분 전환하는 데 효과적입니다.

신체	균형	민첩성	지구력
정서	성취감	친밀감	주도성
인지	언어이해	집중력	탐구력
사회	공감	자존감	협동심
창의성	문제해결	기발함	유창성

베개 수영

엎드려서 베개를 배에 깔고 손이나 발로 밀면서 앞으로 나가는 놀이

* 놀이가 가능한 연령 : 2세~7세
* 준비물 : 베개

🔵 놀이 방법

1. 수영을 배워 봅니다.

    "수영을 잘하려면 몸을 어떻게 움직여야 할까?"

    "물에서 수영하듯 베개를 깔고 팔과 다리로 밀어 볼까?"

    "1레인 ○○ 선수 2레인 아빠 선수 준비, 출발!"

2. 자신의 모습이 비추는 곳에서 수영을 해 보고, 가족이 서로 마주 보는 자세로 수영을 해 보며 재미를 더합니다.

🔵 확장놀이

일정 거리를 밀거나 다양한 방향으로 이동하는 놀이를 합니다.

✏️ 전문가 한마디

엎드린 자세에서 몸의 중심을 잡고 밀어 나가면서 균형을 유지하는 능력이 향상됩니다. 신체의 균형을 잡는 연습이 자연스럽게 이루어집니다.

신체	균형	민첩성	지구력
정서	성취감	친밀감	주도성
인지	언어이해	집중력	탐구력
사회	공감	자존감	협동심
창의성	문제해결	기발함	유창성

베개놀이

수건 타워

점점 작아지는 수건 위에 올라가는 놀이

* 놀이가 가능한 연령 : 4세~7세
* 준비물 : 수건

◎ 놀이 방법

1. 수건을 여러 개 준비하여 흥미를 유발합니다.

    "작아지는 수건 위에서 떨어지지 않고 10초 동안 버티면 성공이야!"

2. 처음 10초는 버티기 쉽지만 수건이 작아질수록 어려워지는 것에 대해 이야기 나누어 봅니다.

    "어떻게 해야 성공할 수 있을까."

    "성공! 그럼 또 반으로 접어 볼까?"

◎ 확장놀이

1. 여러 가족이 한 장의 수건으로 함께 놀이합니다.
2. 가위바위보 게임으로 진 사람이 수건을 접는 게임을 합니다.
3. 점프, 춤, 동작 따라 하기 등 신체 동작을 추가합니다.

✏️ 전문가 한마디

점점 작아지는 수건 위에 올라가는 과정은 도전적이므로 성취감을 느끼고 자신감을 키울 수 있습니다. 어려운 상황을 극복하며 도전 정신을 기를 수 있습니다.

신체	균형	민첩성	지구력
정서	성취감	친밀감	주도성
인지	언어이해	집중력	탐구력
사회	공감	자존감	협동심
창의성	문제해결	기발함	유창성

수건 피구

정해진 코트에서 수건을 던져 맞추고, 피하는 놀이

* 놀이가 가능한 연령 : 4세~7세
* 준비물 : 수건

◉ 놀이 방법

1. 수건 피구놀이에 대해 이야기합니다.

    "수건을 세게 던지면 다칠 수 있으니 위로만 던지기로 약속하자"

    "이번에는 허수아비처럼 서 있을게! 수건을 던져서 걸어 볼까?"

2. 역할을 바꾸어서 놀이를 진행합니다.

◉ 확장놀이

1. 수건을 바구니에 넣거나 목표물을 맞추는 던지기놀이를 합니다.
2. 허수아비처럼 고정되어 있는 가족의 몸에 수건을 던져 걸어 놓는 놀이를 합니다.

✏️ 전문가 한마디

1. 수건을 던지거나 피하는 동안 아이는 주의 깊게 움직이며 집중력과 주의력을 향상에 도움이 됩니다.
2. 놀이 중 수건의 위치와 속도를 예측하며 상황에 맞게 반응하므로, 민첩성을 기릅니다.

신체	균형	민첩성	지구력
정서	성취감	친밀감	주도성
인지	언어이해	집중력	탐구력
사회	공감	자존감	협동심
창의성	문제해결	기발함	유창성

수건 꼬리잡기

몸에 수건을 끼워 꼬리를 만들고, 서로의 수건 꼬리를 뺏는 놀이

* 놀이가 가능한 연령 : 3세~7세
* 준비물 : 수건

◎ 놀이 방법

1. 수건 꼬리잡기놀이에 대해 설명해 줍니다.

   "어떻게 하면 수건으로 꼬리를 만들 수 있을까?"

   "엉덩이에 있는 수건을 먼저 뺏는 사람이 이기는 게임이야."

2. 놀이를 진행하면 어려움이 생기는 부분에서 규칙을 정합니다.

   "수건만 잡아당기고 넘어뜨리거나 다른 몸을 건드리지 않기."

   "이번에 이모는 달리기가 빠른 토끼로 변신해야겠다. 깡충! 깡충"

◎ 확장놀이

1. 다양한 신체 부위에 여러 개의 수건을 사용하여 놀이합니다.
2. 강아지처럼 기어 다니거나, 뱀처럼 엎드려 잡기 등 다양한 동작으로 놀이합니다.

✏️ 전문가 한마디

1. 수건을 빼기 위해 빠르게 반응하고 움직여야하므로, 반사 신경과 민첩성이 향상됩니다.
2. 아이는 순간적인 판단과 빠른 반응을 하게 되어, 일상적인 상황에서 빠른 반응할 수 있는 능력이 강화됩니다.

신체	균형	민첩성	지구력
정서	성취감	친밀감	주도성
인지	언어이해	집중력	탐구력
사회	공감	자존감	협동심
창의성	문제해결	기발함	유창성

수건 술래잡기

수건으로 눈을 가리고, 상대방을 잡는 게임

* 놀이가 가능한 연령: 1세~7세
* 준비물 : 수건

◉ 놀이 방법

1. 수건으로 눈을 가리고 박수 소리를 들으며 술래를 잡아 보는 놀이에 대해 설명해 줍니다.

   "눈이 보이지 않으면 다칠 수 있겠지?"

   "어떤 규칙을 만들어야 우리가 안전하게 놀이할 수 있을까?"

2. 규칙을 정한 후에 장애물이 없는 넓은 공간에서 놀이를 진행합니다.

   "수건 쓴 사람은 앞을 보지 못하기 때문에 도망치는 사람이 계속 박수 소리를 내고 뛰지 않고 천천히 움직이자."

◉ 확장놀이

1. 눈을 가린 채 사물을 만져 촉감으로 맞히는 게임을 합니다.
2. 눈을 가린 채 목적지를 찾아가는 놀이를 합니다.

✏️ 전문가 한마디

상대방을 잡는 데 성공할 때 성취감을 느끼며 자신감이 향상됩니다. 또한, 눈을 가리고 소리만으로 상대방을 찾는 도전적인 요소가 도전 정신을 자극합니다.

신체	균형	민첩성	지구력
정서	성취감	친밀감	주도성
인지	언어이해	집중력	탐구력
사회	공감	자존감	협동심
창의성	문제해결	기발함	유창성

수건 막대놀이

수건을 길게 말아 수건 막대를 만들어 하는 놀이

* 놀이가 가능한 연령 : 2세~7세
* 준비물 : 수건, 고무줄(끈)

◎ 놀이 방법

1. 수건을 돌돌 말고 고무줄을 끼워 멋진 수건 막대기를 함께 만듭니다.

    "안전하게 놀이하기 위해 규칙을 만들어 볼까?"

    "대한민국 검투사 ○○이와 멋진 사람의 결투가 있겠습니다!"

    "으악! ○○ 검투사 엉덩이 공격 성공입니다!"

    "○○이의 강력한 공격에 막대기를 놓쳤습니다. ○○이의 승리입니다!"

◎ 확장놀이

양옆으로 휘두르는 수건 막대를 뛰어넘거나 허리를 숙여 피하는 놀이를 합니다.

✏️ 전문가 한마디

1. 가족과 함께하며 경쟁적인 요소와 협력적인 요소가 결합되어 사회적 상호작용이 증진됩니다.
2. 다른 사람과의 관계에서 경쟁과 협력의 중요성을 배우며, 친밀감과 유대감을 강화하게 됩니다.

신체	균형	민첩성	지구력
정서	성취감	친밀감	주도성
인지	언어이해	집중력	탐구력
사회	공감	자존감	협동심
창의성	문제해결	기발함	유창성

수건 줄다리기

수건의 양 끝을 잡고, 서로 잡아당기는 놀이

* 놀이가 가능한 연령 : 3세~7세
* 준비물 : 수건

◎ 놀이 방법

1. 수건을 이용하여 줄다리기놀이를 합니다.

    "우리 수건 줄다리기로 힘겨루기를 해 볼까?"

2. 넘어졌을 경우 다치지 않도록 장애물이 없는 곳에서 놀이합니다.

    "수건을 놓치면 다칠 수 있으니 앉아서 해 보자!"

◎ 확장놀이

1. 양손에 각각의 수건을 잡고 두 개로 놀이합니다.
2. 수건을 안아 잡고 따라가는 2인 1조 기차놀이를 진행합니다.
3. 뒷사람이 눈을 감고 수건을 잡은 채 길을 따라가는 놀이로 진행합니다.

✏️ 전문가 한마디

상대방의 움직임에 반응하고 힘을 조절해야 하므로 집중력도 향상됩니다. 힘을 써야 하는 순간에 집중하여 조절하는 능력이 중요합니다.

신체	균형	민첩성	지구력
정서	성취감	친밀감	주도성
인지	언어이해	집중력	탐구력
사회	공감	자존감	협동심
창의성	문제해결	기발함	유창성

책 징검다리

동화책으로 징검다리를 만들어 건너가는 놀이

* 놀이가 가능한 연령 : 4세~7세
* 준비물 : 표지가 두껍고 단단한 동화책

◎ 놀이 방법

1. 여러 권의 동화책을 준비합니다.

    "동화책으로 놀이를 할 거야. 그런데 책을 읽어 주는 놀이가 아니고, 책을 이용해서 몸으로 놀이해 보자."

    "책을 만져 보면 느낌이 어때?"

2. 위험한 상황에 대해 이야기를 나눈 후 놀이를 시작합니다.

    "책으로 놀이할 때에는 모서리가 뾰족해서 위험할 수도 있어."

    "책으로 긴 징검다리를 만들어 볼까?"

◎ 확장놀이

1. 지그재그나 곡선, 계단 오르기, 정해진 책의 표지색을 선택하여 밟기 등 다양한 형태로 변형하여 놀이합니다.
2. 아이가 좋아하는 책으로 놀이를 만들고 책 속의 동작을 따라 해 봅니다.

✏️ 전문가 한마디

다양한 형태의 징검다리를 건너기 위해 해결책을 찾는 과정에서 문제 해결 능력이 향상됩니다. 어떤 모양이 가장 안전하고 효과적인지 고민하며 사고하는 능력이 키워집니다.

신체	균형	민첩성	지구력
정서	성취감	친밀감	주도성
인지	언어이해	집중력	탐구력
사회	공감	자존감	협동심
창의성	문제해결	기발함	유창성

책 탑 쌓기

책을 반으로 펼쳐 세운 뒤 위에 책을 덮어 쌓아 올리는 놀이

* 놀이가 가능한 연령 : 4세~7세
* 준비물 : 표지가 두껍고 단단한 동화책

◎ 놀이 방법

1. 다양한 책을 준비하여 궁금증을 유발합니다.

   "책으로 탑을 쌓으려고 하는데 어떻게 해야 튼튼하고 높게 쌓을 수 있을까?"

2. 첫 줄은 책을 좁게 펼쳐 세우고, 둘째 줄은 덮는 방법으로 책 탑을 쌓을 수 있도록 시범을 보여 준다.

   "책은 딱딱하고 모서리가 뾰족하기 때문에 다치지 않게 해 보자."

   "와! 벌써 키만큼 쌓았구나! 이번에는 책꽂이 높이만큼 쌓아 볼까?"

◎ 확장놀이

여러 가지 모양의 길을 만들어 자동차놀이, 건드리지 않고 통과하기놀이를 합니다.

✎ 전문가 한마디

책을 쌓는 일이 처음에는 어려워 보일 수 있지만, 점차 쌓아 가며 성취감을 느끼게 됩니다. 책이 넘어지지 않고 잘 쌓일 때의 만족감은 인내심과 끈기를 기를 수 있습니다.

신체	균형	민첩성	지구력
정서	성취감	친밀감	주도성
인지	언어이해	집중력	탐구력
사회	공감	자존감	협동심
창의성	문제해결	기발함	유창성

책 볼링

책 탑을 쿠션, 베개, 인형 등 안전한 도구로 무너트리는 놀이

* 놀이가 가능한 연령 : 3세~7세
* 준비물 : 표지가 두껍고 단단한 동화책

◎ 놀이 방법

1. 놀잇감을 던져 쌓아 올린 책 탑을 무너트리는 놀이에 대해 설명합니다.

    "높게 쌓으면 다칠 수 있으니 1권부터 시작해 보자!"

    "○○이랑 책 모두 안전하게 놀이하기 위해 집에 있는 놀잇감 중에 어떤 놀잇감을 사용해야 할까?"

2. 이야기하는 책을 맞추는 놀이로 해 봅니다.

    "이 책 주인공은 느리지만 쉬지 않고 열심히 해서 이겼어! 느리지만 튼튼한 몸을 가진 친구야."

    "토끼와 거북이다!"

◎ 확장놀이

가족이 이야기하는 내용의 책을 맞추기 놀이를 합니다.

✏️ 전문가 한마디

책 탑이 쉽게 무너지지 않으면 어떤 도구를 던질지, 어떤 힘으로 던질지를 고민하는 과정에서 문제 해결 능력이 향상됩니다. 점차 효과적인 방법을 찾으며 사고능력이 발달합니다.

신체	균형	민첩성	지구력
정서	성취감	친밀감	주도성
인지	언어이해	집중력	탐구력
사회	공감	자존감	협동심
창의성	문제해결	기발함	유창성

책 도미노

책을 일정한 간격으로 세우고, 순차적으로 무너트리는 놀이

* 놀이가 가능한 연령 : 4세~7세
* 준비물 : 표지가 두껍고 단단한 동화책

◎ 놀이 방법

1. 여러 권의 책을 옆으로 세우고 밀면 넘어지는 놀이를 설명합니다.

   "책을 약간 벌리고 손가락 한 개 정도 간격으로 세워 보자. 꼬불꼬불해도 좋고 짧아도 좋고 길어도 좋아!"

2. 도미노를 만드는 도중에 쓰러져도 함께 웃으며 다시 세워 봅니다.

   "도미노는 한 권만 넘어져도 모두 다 쓰러지니 조심해서 만들어 보자."

   "넘어져 버렸네, 괜찮아! 이모는 만드는 것도 즐거워서 다시 만들면 돼!"

✏️ 전문가 한마디

1. 도미노를 효율적으로 배치하고 균형을 유지하기 위해 전략적으로 사고하게 되어 문제 해결 능력이 향상됩니다.
2. 도미노를 무너뜨리면 성공적인 결과에 성취감과 자신감을 기를 수 있습니다.

신체	균형	민첩성	지구력
정서	성취감	친밀감	주도성
인지	언어이해	집중력	탐구력
사회	공감	자존감	협동심
창의성	문제해결	기발함	유창성

책 야구

던져 주는 공, 작은 인형 등을 책으로 쳐서 날려 보내는 놀이

* 놀이가 가능한 연령 : 4세~7세
* 준비물 : 두껍고 단단한 동화책, 공(인형, 양말, 풍선 등)

◎ 놀이 방법

1. 책 야구놀이에 대해 설명합니다.

   "책으로 공을 쳐 보는 야구게임을 할 거야. 책은 넓어서 맞추기는 좋지만, 책을 놓치면 다칠 수 있기 때문에 꼭 두 손으로 잡고 놀이하도록 하자."

2. 역할을 바꾸어서 놀이를 하며 크기가 다른 책으로도 진행합니다.

◎ 확장놀이

가벼운 풍선이나, 위생 봉투 풍선을 활용하여 떨어뜨리지 않고 위로 띄우는 놀이를 합니다.

✏ 전문가 한마디

공이 책에 도착할 시간을 예측할 수 있어야 하는 만큼 민첩성과 시간감각을 향상시킬 수 있습니다.

신체	균형	민첩성	지구력
정서	성취감	친밀감	주도성
인지	언어이해	집중력	탐구력
사회	공감	자존감	협동심
창의성	문제해결	기발함	유창성

종이컵 높이뛰기

종이컵을 단계별로 높게 쌓아 올리며 뛰어넘는 놀이

* 놀이가 가능한 연령 : 4세~7세
* 준비물 : 종이컵

◉ 놀이 방법

1. 종이컵을 넉넉하게 준비합니다.

    "종이컵으로 허들을 만들고 뛰어넘는 놀이를 해 보자."

    "○○이 잘 뛰어넘는구나! 조금 더 높게 만들고 싶은데 어떤 방법으로 종이컵을 쌓아야 높게 쌓을 수 있을까?"

2. 다양한 방법으로 종이컵을 쌓아 뛰어넘어 봅니다.

    "○○이 생각처럼 두 개의 종이컵 사이에 올리면 되는구나!"

✎ 전문가 한마디

몸의 균형을 유지하며 뛰어넘어야 하는 장애물의 높이를 예측하고 신체를 조절할 수 있습니다.

신체	균형	민첩성	지구력
정서	성취감	친밀감	주도성
인지	언어이해	집중력	탐구력
사회	공감	자존감	협동심
창의성	문제해결	기발함	유창성

종이컵 낙하산

떨어지는 종이컵을 다양하게 받는 놀이

* 놀이가 가능한 연령 : 4세~7세
* 준비물 : 종이컵

◎ 놀이 방법

1. 종이컵과 의자를 준비합니다.

   "위에서 떨어지는 종이컵을 다른 종이컵으로 받는 놀이를 해 보자."

2. 의자를 이용하여 점점 높은 곳에서 떨어뜨려 봅니다.

   "더 높은 곳에서 떨어질 수도 있고 왼쪽, 오른쪽에서 떨어질 거야!"

   "언제 떨어지는지 알 수 없고 여러 개가 떨어집니다. 집중해 주세요!"

◎ 확장놀이

바구니 등 다양한 도구(접시, 바구니 등)를 이용하여 떨어지는 종이컵을 받아 봅니다.

✏ 전문가 한마디

종이컵을 잡으려면 주의 깊게 떨어지는 경로를 파악하고, 빠르게 반응해야 합니다. 이 과정에서 집중력을 발달시키고, 상황에 따라 빠르게 결정을 내리는 능력을 키울 수 있습니다.

신체	균형	민첩성	지구력
정서	성취감	친밀감	주도성
인지	언어이해	집중력	탐구력
사회	공감	자존감	협동심
창의성	문제해결	기발함	유창성

종이컵 낚시

긴 놀잇감으로 종이컵을 들어 올리는 놀이

* 놀이가 가능한 연령 : 5세~7세
* 준비물 : 종이컵, 긴 막대 형태의 놀잇감(국자, 막대 등)

◎ 놀이 방법

1. 종이컵 낚시에 대해 설명해 줍니다.

    "종이컵 물고기들을 잡아 볼 거야. 긴 막대를 찾아볼까?"

    "○○이가 튼튼하고 긴 낚싯대를 찾아왔구나! 종이컵 안으로 막대를 넣어 종이컵 물고기를 잡아 올리는 거야!"

2. 시간을 정하여 종이컵 물고기를 더 많이 잡는 사람이 이기는 게임을 해 봅니다.

◎ 확장놀이

자녀의 연령에 따라 국자, 젓가락, 숟가락 한 쌍 등 다양한 놀잇감을 사용하여 놀이합니다.

✏️ 전문가 한마디

몸과 종이컵 낚시의 움직임을 다양하게 조절하며 눈과 손의 협응력과 균형감각을 기릅니다.

신체	균형	민첩성	지구력
정서	성취감	친밀감	주도성
인지	언어이해	집중력	탐구력
사회	공감	자존감	협동심
창의성	문제해결	기발함	유창성

종이컵 동아줄

종이컵을 길게 겹쳐 만든 동아줄이 끊어지지 않도록 하는 놀이

* 놀이가 가능한 연령 : 5세~7세
* 준비물 : 종이컵

◎ 놀이 방법

1. 종이컵 동아줄놀이에 대해 설명합니다.

    "종이컵을 모아 길게 만들어 볼까?"

    "튼튼하고 지렁이처럼 꼬불꼬불 잘 움직이지?"

2. 양 끝을 잡고 움직이면서 따라가며 끊어지지 않도록 해 봅니다.

    "이번에는 세워 잡고 중심을 잡으며 끊어지지 않는 놀이를 해 볼까?"

    "어디 어디로 가 볼까? 조심조심 따라가 볼게!"

◎ 확장놀이

위, 아래, 왼쪽, 오른쪽 등 지시어에 따라 반응하는 놀이를 합니다.

✏️ 전문가 한마디

가족과 함께 팀이 되어 종이컵 줄이 끊어지지 않도록 목표를 이루며 협동의 중요성을 인식하게 됩니다.

신체	균형	민첩성	지구력
정서	성취감	친밀감	주도성
인지	언어이해	집중력	탐구력
사회	공감	자존감	협동심
창의성	문제해결	기발함	유창성

종이컵 화가

종이컵을 이용해 다양한 모양을 만드는 놀이

* 놀이가 가능한 연령 : 5세~7세
* 준비물 : 종이컵

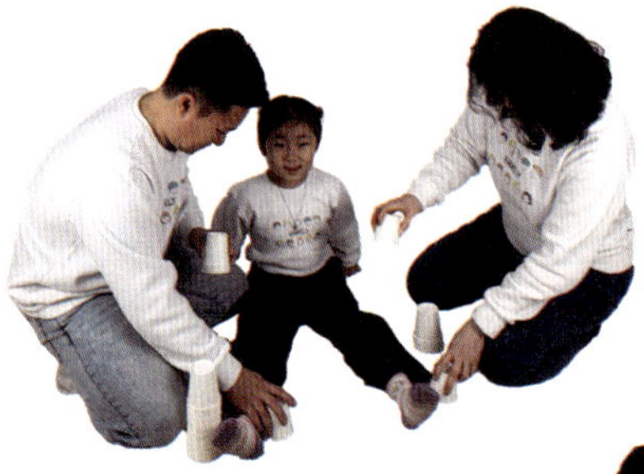

◎ 놀이 방법

1. 종이컵을 이용하여 바닥에 그림을 그려 봅니다.

    "종이컵을 바닥에 깔아서 다양한 그림을 만들 수 있어. 같이 멋진 그림 만들어 볼까?"

2. 바닥에 누워 몸 모양으로 종이컵을 놓아 사람의 모습을 만들어 봅니다.

    "바닥에 누워 볼게. 이렇게 할머니도 그려 줄 수 있어?"

3. 다양한 물건을 놓고 여러 가지 모양을 만들어 봅니다.

◎ 확장놀이

완성된 모양에 종이컵 바닥면을 색칠하며 꾸며 봅니다.

✎ 전문가 한마디

종이컵으로 모양을 만들며 완성된 모양을 상상하며 아이는 집중, 즐거움, 모양을 완성하고자 하는 내적 동기 등을 경험합니다.

신체	균형	민첩성	지구력
정서	성취감	친밀감	주도성
인지	언어이해	집중력	탐구력
사회	공감	자존감	협동심
창의성	문제해결	기발함	유창성

종이컵 사탕 찾기

종이컵 속에 숨긴 사탕을 찾는 놀이

* 놀이가 가능한 연령 : 3세~7세
* 준비물 : 종이컵, 작은 크기의 간식(사탕, 젤리, 초콜릿 등)

◎ 놀이 방법

1. 종이컵과 사탕을 준비합니다.

    "여기에 사탕을 넣었어. 봤지? 이제 빠르게 섞어 볼 거야. 이제 어디에 사탕이 들었는지 찾아볼까?"

    "숭구리 당당 숭구리 당당 숭당당! 찾아라~ 찾아라~ 사탕을 찾아라~ 얍!"

2. 역할을 바꾸어 사탕을 찾아봅니다.

    "나도 사탕이 먹고 싶은데 이번에는 내가 찾아볼까?"

◎ 확장놀이

수준에 따라 종이컵 수를 늘려 가며 놀이합니다.

✏️ 전문가 한마디

아이는 섞은 컵을 빠르게 주시해야 하므로 높은 주의 집중을 유지하며 세심하게 관찰하는 능력을 기를 수 있습니다.

신체	균형	민첩성	지구력
정서	성취감	친밀감	주도성
인지	언어이해	집중력	탐구력
사회	공감	자존감	협동심
창의성	문제해결	기발함	유창성

종이 수영장

종이를 찢어 종이물 수영장을 만드는 놀이

* 놀이가 가능한 연령 : 2세~7세
* 준비물 : 부드러운 종이(이면지, 신문지, 잡지 등)

◎ 놀이 방법

1. 신문지 혹은 이면지 등 많은 종이를 준비합니다.

   "종이는 언제 사용하지? 만져 보면 느낌이 어때?"

   "종이는 얇고 가볍지만, 요술같이 재밌는 놀잇감이 될 수 있어."

2. 종이를 아이와 함께 길게 찢어 봅니다.

   "우리 수영장을 만들어 볼까? 먼저 종이들을 신나게 찢어 보자!"

   "길게 찢어 주고 손으로 구겨 주면, 풍성한 수영장이 될 수 있어!"

◎ 확장놀이

수영놀이, 까꿍놀이, 잠수놀이 등으로 놀이합니다.

✏️ 전문가 한마디

종이를 찢는 과정에서 손과 손가락의 작은 근육이 사용됩니다. 이로 인해 소근육이 발달하고, 손의 조절 능력도 향상됩니다.

신체	균형	민첩성	지구력
정서	성취감	친밀감	주도성
인지	언어이해	집중력	탐구력
사회	공감	자존감	협동심
창의성	문제해결	기발함	유창성

종이 격파

종이를 격파하는 놀이

* 놀이가 가능한 연령 : 2세~7세
* 준비물 : 부드러운 종이(이면지, 신문지, 잡지 등)

◎ 놀이 방법

1. 종이 격파놀이에 대해 설명합니다.

    "다양한 기술로 격파놀이를 해 보자!"

    "이모가 종이를 잡아 줄게. 주먹 격파부터 해 볼까?"

    "와! 빵 하면서 종이가 찢어졌어! 발차기로 해 볼까?"

2. 종이를 여러 겹으로 해 보기도 하고 머리로 격파할 수도 있습니다.

    "대단하다. 입으로 바람을 불어서 격파하는 것도 가능할 것 같아! 한 번 더 강하게 격파!"

    (종이 양옆을 당겨 종이를 찢어 줄 수도 있습니다.)

◎ 확장놀이

아이가 부는 바람이나 마법의 주문에도 종이가 찢어지는 유머스러운 놀이를 합니다.

✏️ 전문가 한마디

종이를 격파하며 부정적 감정을 자연스럽게 나타내는 과정을 경험하고 스트레스 해소와 자신감, 긍정적인 자아상을 형성할 수 있습니다.

신체	균형	민첩성	지구력
정서	성취감	친밀감	주도성
인지	언어이해	집중력	탐구력
사회	공감	자존감	협동심
창의성	문제해결	기발함	유창성

종이 달리기

종이를 몸에 붙이고 달리는 놀이

* 놀이가 가능한 연령 : 3세~7세
* 준비물 : 부드러운 종이(이면지, 신문지, 잡지 등)

◎ 놀이 방법

1. 종이 달리기놀이에 대해 설명합니다.

    "풀이나 테이프 없이 종이를 몸에 붙일 수 있을까?"

    "○○이의 달리기라면 종이를 몸에 딱 붙일 수 있어!"

2. 몸에 종이가 잘 붙을 수 있는 다양한 방법을 연구해 봅니다.

    "어떻게 하면 종이가 잘 붙어 있는 것 같아?"

    "맞아! 속도가 빠르거나 종이가 넓을수록 잘 붙어 있지?"

◎ 확장놀이

1. 배, 팔, 이마 등 다양한 신체를 활용하여 놀이합니다.
2. 두 명이 긴 종이를 함께 붙이고 짝 달리기를 합니다.

✎ 전문가 한마디

종이가 몸에서 떨어지지 않도록 신체를 조절하며 순발력과 민첩성이 향상됩니다.

신체	균형	민첩성	지구력
정서	성취감	친밀감	주도성
인지	언어이해	집중력	탐구력
사회	공감	자존감	협동심
창의성	문제해결	기발함	유창성

종이 검투사

종이로 막대기를 만들어 놀이

* 놀이가 가능한 연령 : 3세~7세
* 준비물 : 부드러운 종이(이면지, 신문지, 잡지 등), 테이프, 고무줄

🎯 놀이 방법

1. 종이 검투사놀이에 대해 설명합니다.

    "종이를 여러 장 꽁꽁 말아 주고 테이프나 고무줄로 고정해 주자."

    "멋진 막대기가 되었지? 막대기로 종이를 격파해 볼까?"

    "이번에는 불러 주는 곳을 막아 보자!"

    "머리! 오른쪽! 왼쪽! 머리! 왼쪽! 우와, 잘 막는다!"

2. 역할을 바꿔서 주의사항을 알려 주며 놀이를 해 봅니다.

    "○○이의 힘이 대단하니 다치지 않도록 천천히 공격해 줘."

🎯 확장놀이

1. 종이를 접거나 구멍을 만들어 갑옷을 만들어 입을 수 있습니다.
2. 종이 막대기를 줄넘기 하듯 바닥에서 양옆으로 휘둘러 높이 뛰어 피하는 놀이를 합니다.

✏️ 전문가 한마디

신속하게 몸을 움직이며 순발력과 민첩성을 기르고, 막대기를 휘두르며 힘을 조절하는 신체 조절 능력을 경험합니다.

신체	균형	민첩성	지구력
정서	성취감	친밀감	주도성
인지	언어이해	집중력	탐구력
사회	공감	자존감	협동심
창의성	문제해결	기발함	유창성

종이 공놀이

놀이에 사용했던 종이를 이용하여 공을 만들어 놀이

* 놀이가 가능한 연령 : 2세~7세
* 준비물 : 부드러운 종이(이면지, 신문지, 잡지 등), 박스테이프

◎ 놀이 방법

1. 놀이에 사용했던 종이로 공을 만들어 봅니다.

    "우리가 즐겁게 놀이한 종이를 모아 뭉쳐서 공을 만들어 보자!"

    "종이테이프를 감아 주면 더욱 튼튼한 공이 되겠다!"

    "할머니가 꼭 잡아 줄 테니 ○○이가 빙글빙글 둥글게 감아 볼까?"

2. 종이로 만든 공으로 다양한 놀이를 진행해 봅니다.

    "종이공 위에 올라가서 중심잡기놀이 해 볼까?"

    "첫 번째는 다리를 들어 봅니다, 두 번째는 점프를 뛰어 볼까요?"

◎ 확장놀이

1. 팔로 동그란 농구골대를 만들어 농구놀이를 합니다.
2. 종이공으로 과녁 맞추기를 합니다.

✏ 전문가 한마디

종이를 구기면서 손가락과 손근육이 발달되며 공으로 다양하고 새로운 놀이를 표현하는 창의성이 향상됩니다.

신체	균형	민첩성	지구력
정서	성취감	친밀감	주도성
인지	언어이해	집중력	탐구력
사회	공감	자존감	협동심
창의성	문제해결	기발함	유창성

종이 스쿠프

종이로 고깔 모양을 만들고 공을 받는 놀이

* 놀이가 가능한 연령 : 2세~7세
* 준비물 : 부드러운 종이(이면지, 신문지, 잡지 등)

◎ 놀이 방법

1. 종이 스쿠프놀이에 대해 설명합니다.

    "종이로 고깔 모양을 만들고, 테이프로 고정해 주자! 바구니가 되지?"

    "뭉친 종이공을 던져 고깔바구니로 받는 놀이를 해 보자!"

2. 역할을 바꿔 보기도 하고 함께 주고받아 보는 놀이를 해 봅니다.

    "우와, 10개 받았구나! 이번에는 같이 주고받고 해 볼까?"

◎ 확장놀이

집에 있는 도구(바구니, 냄비, 박스, 그릇 등)를 사용하여 던지기놀이를 합니다.

✏️ 전문가 한마디

1. 목표물을 보고 던지고 잡으면서 신체 조절 능력이 길러집니다.

2. 어떻게 던지면 더 멀리 가는지, 어떻게 잡아야 하는지 생각하는 과정을 통해 문제 해결 능력이 향상됩니다.

신체	균형	민첩성	지구력
정서	성취감	친밀감	주도성
인지	언어이해	집중력	탐구력
사회	공감	자존감	협동심
창의성	문제해결	기발함	유창성

페트병 불기

페트병을 입으로 불어 넘어트리는 놀이

* 놀이가 가능한 연령 : 3세~7세
* 준비물 : 페트병

놀이 방법

1. 페트병을 준비하여 페트병 불기놀이를 설명합니다.

    "페트병을 거꾸로 세우고, 입으로 불어 넘어트리는 놀이를 할 거야. 우리 두 개씩 세워 놓고, 준비되면 불어 보자."

    "잘 안 넘어가면 입을 가까이 붙이고 불어 보자! 하나, 둘, 셋!"

2. 페트병의 개수를 늘려 가며 진행하며 똑바로 세워서 불어 놀이를 진행합니다.

확장놀이

1. 여러 개의 페트병을 세워 놓고 도미노놀이를 합니다.
2. 한 개의 페트병을 마주 보고 불어 상대방 방향으로 넘어트리는 입바람 씨름으로 놀이합니다.

전문가 한마디

입으로 바람을 불면서 호흡을 조절하는 능력이 향상됩니다. 바람의 세기를 조절하면서 집중력과 조절 능력이 길러집니다.

신체	균형	민첩성	지구력
정서	성취감	친밀감	주도성
인지	언어이해	집중력	탐구력
사회	공감	자존감	협동심
창의성	문제해결	기발함	유창성

페트병 자치기

페트병을 세워 놓고, 다른 페트병으로 치는 놀이

* 놀이가 가능한 연령 : 3세~7세
* 준비물 : 페트병

◎ 놀이 방법

1. 자치기놀이에 대해 설명합니다.

    "고모가 ○○이처럼 어렸을 때 하던 자치기라는 전통놀이를 해 볼 거야!"

2. 페트병을 놓칠 수 있으니 입구를 손으로 꼭 잡고 놀이합니다.

    "페트병을 세워 놓고 다른 페트병으로 쳐서 멀리 날려 보내는 사람이 이기는 놀이를 시작해 보자."

◎ 확장놀이

1. 위에서 떨어지는 페트병을 타격하는 놀이를 합니다.
2. 굴려서 점수판에 도달하게 하는 페트병 컬링놀이를 합니다.

✏️ 전문가 한마디

1. 패트병을 정확히 치기 위해 몸의 균형과 손의 협응력이 발달됩니다.
2. 목표를 보고 정확히 맞추면서 조절 능력이 길러집니다.

신체	균형	민첩성	지구력
정서	성취감	친밀감	주도성
인지	언어이해	집중력	탐구력
사회	공감	자존감	협동심
창의성	문제해결	기발함	유창성

페트병 볼링

안전한 놀이도구를 굴려 페트병을 넘어트리는 놀이

* 놀이가 가능한 연령 : 2세~7세
* 준비물 : 페트병, 던져도 안전한 놀잇감(인형, 공, 쿠션)

◎ 놀이 방법

1. 페트병을 이용한 볼링놀이에 대해 설명합니다.

    "○○이가 좋아하는 볼링놀이를 할 거야. 볼링핀에 던져도 안전한 놀잇감을 가져오자."

    "○○이는 인형을 가져왔고, △△이는 공을 가져왔구나! 인형과 공은 던져도 안전하겠어!"

2. 페트병을 세워 놓고 각자 준비한 놀잇감으로 놀이를 시작합니다.

    "세모 모양으로 세워 놓았지만, ○○이가 원하는 모양대로 세워도 좋아."

◎ 확장놀이

다양한 도구를 굴려서 페트병 볼링놀이를 합니다.

✏️ 전문가 한마디

1. 목표를 맞히거나 원하는 대로 페트병을 움직이면 성취감을 느낍니다.
2. 가족과 함께 놀이하며 차례를 기다리고 규칙을 배우면서 사회성을 기릅니다.

신체	균형	민첩성	지구력
정서	성취감	친밀감	주도성
인지	언어이해	집중력	탐구력
사회	공감	자존감	협동심
창의성	문제해결	기발함	유창성

페트병 마라카스

페트병에 다양한 재료를 담아 악기놀이

* 놀이가 가능한 연령 : 1세~7세
* 준비물 : 페트병, 재료(쌀, 콩, 모래, 자갈), 미술용품(스티커, 유성매직, 머리끈 등)

🎯 놀이 방법

1. 페트병과 콩, 쌀 등 집에서 쉽게 찾을 수 있는 곡물을 준비합니다.

    "페트병에 다양한 재료를 넣고 흔들면 어떨까?"

    "○○이가 원하는 재료를 넣으면 어떤 소리가 나는지 궁금하다."

    "○○이 페트병 악기 소리가 너무 멋지다! 페트병으로 소파를 두드릴 게. 같이 연주해 보자!"

2. 평소 아이가 좋아하는 음악과 함께 연주해 봅니다.

    "이번에는 노래도 크게 틀고 신나게 춤추자!"

✏️ 전문가 한마디

1. 음악에 맞춰 몸을 움직이며 리듬감과 전신 근육이 발달합니다.
2. 다양한 재료(쌀, 콩 등)에서 나는 소리를 들으며 소리를 변별해 보며 감각이 향상됩니다.

신체	균형	민첩성	지구력
정서	성취감	친밀감	주도성
인지	언어이해	집중력	탐구력
사회	공감	자존감	협동심
창의성	문제해결	기발함	유창성

페트병 마사지

페트병으로 마사지놀이

* 놀이가 가능한 연령 : 1세~7세
* 준비물 : 페트병

◎ 놀이 방법

1. 페트병을 준비합니다.

    "즐겁게 놀이한 몸에게 고맙다고 마사지를 해 주자."

    "페트병을 눕혀 굴리는 방법이 있고, 아프지 않게 두들겨 주는 방법, 병뚜껑으로 꼭꼭 눌러 지압해 주는 방법이 있어."

    "강하게 하면 아플 수 있으니 부드럽게 해 주자."

2. 가족에게도 마사지를 해 봅니다.
3. 다양한 크기의 페트병을 이용하여 느낌이 다름을 이야기해 봅니다.

✏️ 전문가 한마디

1. 가족과의 신체 접촉을 통해 애정과 신뢰감이 형성됩니다.
2. 안마를 통해 신체 언어(터치, 표정)로 감정을 표현하는 법을 배웁니다.

페트병놀이

신체	균형	민첩성	지구력
정서	성취감	친밀감	주도성
인지	언어이해	집중력	탐구력
사회	공감	자존감	협동심
창의성	문제해결	기발함	유창성

페트병 피하기

굴러오는 페트병 피하기놀이

* 놀이가 가능한 연령 : 2세~7세
* 준비물 : 페트병

◎ 놀이 방법

1. 굴러오는 페트병을 뛰어넘으며 피하는 놀이를 설명해 줍니다.

    "두 발을 모아 뛰어도 괜찮고, 한 발씩 넘어도 괜찮아!"

    "이제 위아래로 지나가는 페트병을 피해 보자!"

2. 놀이가 격해지면 규칙을 정해 가며 진행합니다.

    "페트병은 둥글기 때문에 밟으면 넘어질 수 있어!"

◎ 확장놀이

여러 개의 페트병을 바닥에 놓고 그 사이를 피해서 지나가기 놀이를 합니다.

✏ 전문가 한마디

1. 갑작스럽게 오는 페트병을 피하는 과정에서 빠른 반응 속도와 민첩성이 발달됩니다.

2. 페트병이 다가올 때 집중하고, 피하기 위해 상황을 주의 깊게 살핌으로써 집중력이 향상됩니다.

신체	균형	민첩성	지구력
정서	성취감	친밀감	주도성
인지	언어이해	집중력	탐구력
사회	공감	자존감	협동심
창의성	문제해결	기발함	유창성

박스 터널

박스로 장애물을 만들고, 통과하는 놀이

* 놀이가 가능한 연령 : 2세~7세
* 준비물 : 다양한 크기의 박스, 박스테이프

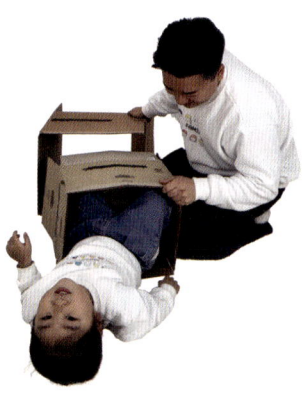

◎ 놀이 방법

1. 택배박스 등 손쉽게 구할 수 있는 박스를 준비합니다.

    "여기 다양한 크기의 박스가 있어. 우리 박스 장애물을 통과해 보자."

    "다양한 모양과 크기의 박스들을 어떻게 해야 지나갈 수 있는지 방법을 생각해 보자!"

2. 처음에는 한 개의 박스를 통과해 보고, 점점 여러 개의 박스를 연결해 봅니다.

◎ 확장놀이

1. 박스 뚜껑을 열고 넘어가기, 뛰어넘기, 밟고 지나가기, 터널 통과하기, 지그재그 달리기 등 다양한 구조로 변경하여 놀이합니다.
2. 작은 박스를 통과하다 몸이 끼어 버린 아빠를 빼내 주는 유머 있는 상황도 만들어 줍니다.

✎ 전문가 한마디

1. 기어가거나 통과하면서 팔, 다리 근육이 발달합니다.
2. 어떻게 박스를 통과할지 고민하면서 사고력이 발달합니다.

신체	균형	민첩성	지구력
정서	성취감	친밀감	주도성
인지	언어이해	집중력	탐구력
사회	공감	자존감	협동심
창의성	문제해결	기발함	유창성

박스놀이

박스 두더지 잡기

박스에 숨어 있던 가족이 박스 위로 올라오면, 안전한 놀이도구로 머리를 맞추는 놀이

* 놀이가 가능한 연령 : 3세~7세
* 준비물 : 다양한 크기의 박스, 안전한 놀이도구(인형, 베개)

🎯 놀이 방법

1. 큰 박스를 여러 개 준비하여 두더지놀이에 대해 설명해 줍니다.

    "두더지 게임을 할 거야. 두더지가 되어 박스에 숨어 있다 나오는 순간 쿠션으로 맞추는 거야."

    "뿅뿅! 이모 두더지 빠르지? 열심히 잡아 보세요! 아얏!"

2. 역할을 바꿔 가며 놀이를 진행합니다.

    "이번에는 역할을 바꾸어서 해 볼까? 어디 숨었지? 나왔다! 뿅!"

🎯 확장놀이

가족 구성원이 모여 여러 개의 두더지 박스로 놀이합니다.

✏️ 전문가 한마디

1. 몸을 조절하며 신체적 균형을 잡는 능력이 좋아집니다.
2. 빠르게 몸을 움직이며 신속하게 신체를 조절하고 순간적인 강한 힘을 발휘할 수 있습니다.

신체	균형	민첩성	지구력
정서	성취감	친밀감	주도성
인지	언어이해	집중력	탐구력
사회	공감	자존감	협동심
창의성	문제해결	기발함	유창성

박스 캐치볼

박스로 놀이도구를 받는 놀이

* 놀이가 가능한 연령 : 2세~7세
* 준비물 : 다양한 크기의 박스, 안전한 놀이도구(인형, 베개)

◎ 놀이 방법

1. 캐치볼놀이에 대해 설명해 줍니다.

    "던져 주는 인형을 박스로 받아 보는 놀이를 할 거야."

2. 인형 혹은 쿠션으로 놀이를 진행하다가 점점 작은 물건으로 바꾸어 봅니다.

    "더 작은 인형으로 해 볼까?"

    "이번에는 박스를 내려놓고, 공을 굴려서 넣어 볼까?"

◎ 확장놀이

다양한 박스에 점수를 부여하고, 겹쳐 세워 목표한 점수를 채워 가는 놀이를 합니다.

✏ 전문가 한마디

공의 움직임을 예측하고 집중하는 능력이 발달합니다. 실수해도 다시 도전하면서 인내심과 감정 조절 능력이 길러집니다.

박스놀이

신체	균형	민첩성	지구력
정서	성취감	친밀감	주도성
인지	언어이해	집중력	탐구력
사회	공감	자존감	협동심
창의성	문제해결	기발함	유창성

박스 주사위

아이와 스킨십을 유도하는 그림카드 주사위를 만든 후 그림카드 주사위를 따라 하는 놀이

* 놀이가 가능한 연령 : 2세~7세
* 준비물 : 다양한 크기의 박스, 매직

◎ 놀이 방법

1. 박스를 준비하여 주사위놀이에 대해 설명해 줍니다.

    "박스 주사위를 만들자. 우리가 만드는 박스 주사위에는 숫자가 아닌 가족을 사랑하는 행동을 적어 만들어 보자!"

    "나는 ○○이랑 뽀뽀하고 싶어서 뽀뽀로 적었어!"

    "○○이는 춤추기로 적었구나! 너무 신나겠다!"

2. 글씨나 그림으로 표현할 수 있습니다.
3. 아이와 의논하여 그림 또는 단어를 다 적으면 주사위놀이가 진행됩니다.

    "가위바위보로 순서를 정해서 주사위를 던져 보자."

    "와! 안마하기가 나왔네."

✏ 전문가 한마디

1. 그림이나 글씨의 내용을 분석하고 행동으로 연결하면서 논리적인 사고가 길러집니다.
2. 가족과 대화하면서 소통 능력과 친밀감이 형성됩니다.

신체	균형	민첩성	지구력
정서	성취감	친밀감	주도성
인지	언어이해	집중력	탐구력
사회	공감	자존감	협동심
창의성	문제해결	기발함	유창성

박스 비밀상자

상자에 놀잇감을 넣고, 손의 촉감으로 놀잇감을 맞히는 놀이

* 놀이가 가능한 연령 : 4세~7세
* 준비물 : 다양한 크기의 박스, 다양한 놀잇감

🔵 놀이 방법

1. 비밀 상자와 여러 가지 놀잇감을 준비합니다.

    "비밀상자에 넣은 놀잇감을 손으로 만져서 맞히는 놀이를 할 거야!"

    "아주 귀엽고 부드러운 친구를 넣어 놨어요! 조심히 만져 보세요!"

2. 역할을 바꾸어 아이가 비밀 상자에 놀잇감을 넣어 보게 합니다.

    "말랑말랑하고 작은 이것은 뭐지?"

✏️ 전문가 한마디

1. 물건을 만진 느낌만으로 유추하면서 논리력과 사고력이 길러집니다.
2. 어떤 것이 들어 있을지 상상하며 탐구하는 태도가 길러집니다.
3. 물건의 특징을 설명하고 들으면서 새로운 단어를 배울 수 있습니다.

신체	균형	민첩성	지구력
정서	성취감	친밀감	주도성
인지	언어이해	집중력	탐구력
사회	공감	자존감	협동심
창의성	문제해결	기발함	유창성

박스 태풍

박스를 이용하여 바람을 만들어 놀잇감을 쓰러트리는 놀이

* 놀이가 가능한 연령 : 4세~7세
* 준비물 : 다양한 크기의 박스, 매직

🌀 놀이 방법

1. 박스 태풍놀이에 대해 설명해 줍니다.

    " 박스를 이용하여 바람을 만들어 보자."

    "여기는 기상청입니다, ○○이네 집으로 강력한 태풍이 불어올 예정이니, 조심하시기 바랍니다."

2. 크고 작은 박스를 바꿔 가며 바람의 크기가 다르게 놀이를 진행합니다.

    "바람이 약해졌어요~"

🌀 확장놀이

박스 태풍으로 페트병, 인형 등 다양한 놀잇감을 넘기는 놀이를 합니다.

✏️ 전문가 한마디

1. 바람을 불면 물체가 움직인다는 원리를 직접 경험합니다.
2. 바람의 움직임을 관찰하며 집중력과 주의력이 높아집니다.

신체	균형	민첩성	지구력
정서	성취감	친밀감	주도성
인지	언어이해	집중력	탐구력
사회	공감	자존감	협동심
창의성	문제해결	기발함	유창성

휴지 날리기

휴지를 입으로 불어 멀리 날리는 놀이

* 놀이가 가능한 연령 : 3세~7세
* 준비물 : 휴지(티슈)

◎ 놀이 방법

1. 휴지를 넉넉히 준비하여 휴지 날리기놀이를 설명합니다.

   "휴지 한 장을 입으로 불어서, 멀리 날려 보내는 놀이를 할 거야."

   "우리 같이 바람을 불어 볼까?"

2. 다양한 놀이로 진행해 봅니다.

   "이번에는 양쪽에서 불어서 상대방 식탁 밑으로 떨어트리는 시합을 해 볼까?"

◎ 확장놀이

양쪽에서 함께 휴지를 불어 상대방 방향으로 보내는 놀이를 합니다.

✏ 전문가 한마디

1. 바람의 세기나 방향에 따라 다르게 움직이는 것을 관찰하며 과학적 사고가 발달합니다.
2. 바람을 조절하며 신기함을 느끼고 놀이를 즐기면서 정서적으로 안정됩니다.

신체	균형	민첩성	지구력
정서	성취감	친밀감	주도성
인지	언어이해	집중력	탐구력
사회	공감	자존감	협동심
창의성	문제해결	기발함	유창성

휴지 빨래 널기

빨랫줄에 긴 휴지를 너는 놀이

* 놀이가 가능한 연령 : 3세~7세
* 준비물 : 휴지(티슈), 줄

◎ 놀이 방법

1. 빨래놀이를 할 수 있는 줄을 준비합니다.

    "오늘은 빨래놀이를 할 거야. 깨끗한 휴지를 빨랫줄에 널어 보자!"

2. 빨랫줄을 점점 높이 올려 휴지를 널 수 있는 방법을 찾아봅니다.

    "○○이가 높은 줄에도 휴지를 걸고 싶구나!"

    "어떻게 해야 높은 곳에 휴지를 걸 수 있을까?"

◎ 확장놀이

입으로 바람을 불거나 도구를 사용하여 바람을 만들어 빨랫줄에 걸려 있는 휴지를 떨어트리는 놀이를 합니다.

✏ 전문가 한마디

휴지를 찢지 않고 조심스럽게 빨랫줄에 널면서 집중력과 주의력이 높아집니다.

신체	균형	민첩성	지구력
정서	성취감	친밀감	주도성
인지	언어이해	집중력	탐구력
사회	공감	자존감	협동심
창의성	문제해결	기발함	유창성

휴지 굴리기

두루마리 휴지를 굴려 목표지점에 멈추게 하는 놀이

* 놀이가 가능한 연령 : 5세~7세
* 준비물 : 두루마리 휴지

◎ 놀이 방법

1. 휴지 굴리기놀이에 대해 설명합니다.

    "휴지를 굴려서 목표에 가까이 멈추게 하는 놀이를 할 거야."

2. 휴지가 끊어지지 않고 성공할 수 있는 방법을 찾아봅니다.

    "멋진 휴지 길을 만들면서 굴러가게 하기 위해 어떻게 할까?"

    "휴지 끝을 한 손으로 누르고, 다른 한 손으로 굴려 보자."

3. 사용한 휴지는 다시 놀이에 사용합니다.

    "우리가 놀이에 사용한 휴지를 다시 사용하기 위해서, 구기지 말고 둥글게 말아 보자."

◎ 확장놀이

휴지를 굴려 정해진 길이를 맞추는 놀이를 합니다.
예) 휴지 5칸 풀기, 휴지 10칸 풀기

✎ 전문가 한마디

1. 휴지를 목표 지점에 정확히 움직이도록 조절하면서 신체 조절 능력이 향상됩니다.

2. 휴지가 얼마나 이동할지 생각하며 전략적으로 힘을 조절하는 능력이 길러집니다.

신체	균형	민첩성	지구력
정서	성취감	친밀감	주도성
인지	언어이해	집중력	탐구력
사회	공감	자존감	협동심
창의성	문제해결	기발함	유창성

휴지 미라

두루마리 휴지를 몸에 감싸는 놀이

* 놀이가 가능한 연령 : 4세~7세
* 준비물 : 두루마리 휴지

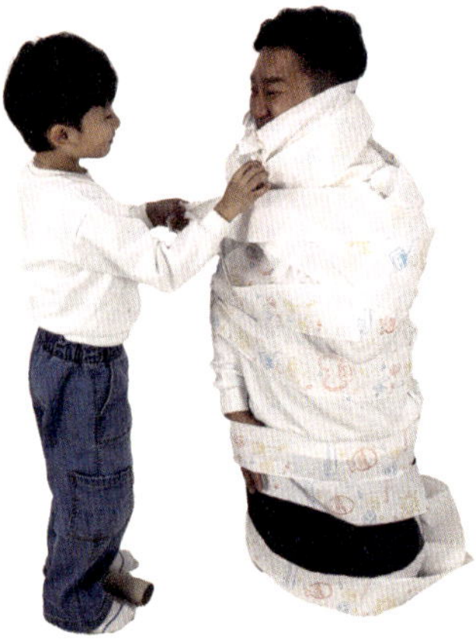

◎ 놀이 방법

1. 휴지를 이용한 미라놀이에 대해 설명합니다.

    "휴지을 사용해서 미라로 변신해 볼 거야."

    "휴지를 조금씩 풀어 줄게. 휴지 끝을 잡고 몸을 빙글빙글 돌아 볼까?"

    "멋진 미라가 되었네."

2. 역할을 바꿔 봅니다.

    "이번에는 ○○이가 돌면서 미라로 만들어 줄래?"

    "천천히 반대로 돌며, 휴지를 감아 보자!"

◎ 확장놀이

1. 휴지 미라를 피해 다니는 술래잡기놀이를 합니다.
2. 사용한 휴지는 휴지심에 다시 말아 봅니다.

✏️ 전문가 한마디

가만히 서 있어야 할 때는 기다리는 법을 배우고, 휴지를 감는 때는 조심스럽게 사물을 다루는 방법을 익힐 수 있습니다.

신체	균형	민첩성	지구력
정서	성취감	친밀감	주도성
인지	언어이해	집중력	탐구력
사회	공감	자존감	협동심
창의성	문제해결	기발함	유창성

휴지 거미줄

휴지로 의자, 소파, 베개 등에 장애물을 만들고 통과하는 놀이

* 놀이가 가능한 연령 : 4세~7세
* 준비물 : 두루마리 휴지, 의자, 식탁 등

◎ 놀이 방법

1. 의자, 식탁 등을 이용할 수 있도록 미리 준비합니다.

    "휴지를 연결해서 장애물을 만들고 통과하는 놀이를 해 보자."

2. 거미줄이 완성되면 놀이를 진행합니다.

    "기어가는 방법, 넘어가는 방법 등 다양한 방법으로 휴지가 끊어지지 않도록 넘어가야 해."

◎ 확장놀이

연령이 어린 경우 바닥에 길게 연결하여 건너 넘어가는 놀이로 놀이 수준을 조절합니다.

✏️ 전문가 한마디

다양한 형태의 거미줄을 통과하기 위해 어떤 전략을 사용할지 생각하며 창의적 문제 해결 능력이 길러집니다.

신체	균형	민첩성	지구력
정서	성취감	친밀감	주도성
인지	언어이해	집중력	탐구력
사회	공감	자존감	협동심
창의성	문제해결	기발함	유창성

휴지 당기기

휴지 끝에 놀잇감을 올려놓고 놀잇감이 넘어지거나 휴지가 뜯어지지 않도록 힘을 조절하여 당기는 놀이

* 놀이가 가능한 연령 : 4세~7세
* 준비물 : 두루마리 휴지, 놀잇감

◎ 놀이 방법

1. 휴지 당기기놀이에 대해 설명합니다.

   "휴지 끝에 동물인형이 있지? 동물인형이 넘어지거나 휴지가 뜯어지지 않도록 조심스럽게 당겨 오는 놀이를 할 거야!"

2. 휴지 위에 페트병을 올려놓고 놀이를 진행합니다.

   "이번에는 조금 무거운 물건으로 도전해 볼까?"

   "천천히 조심스럽게 당겨야 되는구나."

✏️ 전문가 한마디

1. 휴지가 찢어지지 않게 적절한 힘을 조절하는 방법을 생각하며 문제 해결 능력이 발달합니다.

2. 한 사람이 휴지를 당기고 한 사람은 버티는 역할을 하며 서로 협력하는 경험을 합니다.

신체	균형	민첩성	지구력
정서	성취감	친밀감	주도성
인지	언어이해	집중력	탐구력
사회	공감	자존감	협동심
창의성	문제해결	기발함	유창성

휴지 던지기

휴지를 물과 함께 반죽하여 뭉쳐서 던지는 놀이

* 놀이가 가능한 연령 : 3세~7세
* 준비물 : 두루마리 휴지

◎ 놀이 방법

1. 그동안 놀이했던 휴지들을 모아 욕실에서 놀이를 진행합니다.

    "우리가 놀이에 사용한 휴지들은 버리기 아까우니 물과 함께 반죽해 볼 거야!"

    "여기 큰 그릇에 물과 함께 섞고 풀어 보자!"

2. 휴지가 물과 함께 반죽이 되면 던지기놀이를 시작합니다.

    "만들어진 휴지 반죽을 뭉쳐서 마음껏 욕실 벽에 던져 보자."

3. 놀이가 끝이 나면 휴지를 정리하는 방법도 설명합니다.

    "벽에 잘 붙지? 벽에 붙은 휴지 반죽은 배수구가 막힐 수 있으니 넓은 바구니에 모아 놓고 마른 후에 정리하자!"

◎ 확장놀이

휴지반죽을 얇게 펴서 휴지반죽의 변화된 과정을 관찰할 수 있습니다.

✏ 전문가 한마디

물에 젖은 휴지가 어떻게 변하는지(무겁고 던지기 어려워짐) 관찰하면서 원인과 결과를 이해합니다.

신체	균형	민첩성	지구력
정서	성취감	친밀감	주도성
인지	언어이해	집중력	탐구력
사회	공감	자존감	협동심
창의성	문제해결	기발함	유창성

휴지 징검다리

휴지 위를 건너는 놀이

* 놀이가 가능한 연령 : 2세~7세
* 준비물 : 두루마리 휴지

◎ 놀이 방법

1. 휴지를 풀고 징검다리 건너기놀이를 진행합니다.

 "휴지는 좁고, 얇기 때문에 살금살금 조심히 건너 보자."

 "우리 간격을 더 멀리 해 볼까?"

2. 여러 장을 사용하거나, 휴지를 접어 다양한 길을 만들어 줍니다.

 "이번에는 휴지를 작게 하고 지그재그로 해 보자."

◎ 확장놀이

휴지 위에 그림을 그려 놓고, 그 위를 건너며 그림을 방해하지 않도록 조심히 건너는 놀이를 합니다.

✏️ 전문가 한마디

처음 징검다리를 건널 때는 불안정하게 느껴질 수 있지만, 성공적으로 건너게 되면 성취감을 느끼고 자신감이 향상됩니다. 어려운 상황을 극복하는 경험은 긍정적인 정서를 기를 수 있습니다.

신체	균형	민첩성	지구력
정서	성취감	친밀감	주도성
인지	언어이해	집중력	탐구력
사회	공감	자존감	협동심
창의성	문제해결	기발함	유창성

손바닥 씨름

서로의 손바닥을 밀치며 중심을 무너트리는 놀이

* 놀이가 가능한 연령 : 4세~7세
* 준비물 : 수건, 베개

◎ 놀이 방법

1. 손바닥 씨름놀이는 장애물이 없는 넓은 공간에서 시작합니다.

    "손바닥 씨름놀이는 손바닥만 밀어야 해!"

    "상대방이 중심을 잃고 발이 떨어지도록 하는 거야."

    "두 손을 펴고 '하나, 둘, 셋!' 하면 밀어 볼까?"

2. 놀이가 규칙에 따라 진행이 되면 칭찬을 합니다.

    "○○이가 중심도 잘 잡고 힘도 강하구나! 이번에는 반으로 접은 수건 위에 올라가 해 볼까?"

✏️ 전문가 한마디

1. 가족의 움직임에 빠르게 반응하며 손과 몸의 협응력을 기릅니다.
2. 가족과 함께할 때 협력하고 경쟁하는 과정에서 사회적 기술이 향상됩니다.

힘겨루기

신체	균형	민첩성	지구력
정서	성취감	친밀감	주도성
인지	언어이해	집중력	탐구력
사회	공감	자존감	협동심
창의성	문제해결	기발함	유창성

엉덩이 씨름

엉덩이로 상대방의 엉덩이를 밀치며, 중심을 무너트리는 놀이

* 놀이가 가능한 연령 : 3세~7세
* 준비물 : 없음

◎ 놀이 방법

1. 가족들과 언제 어디서든 할 수 있는 엉덩이 씨름놀이입니다.

    "서로 돌아서서 엉덩이로 밀어 중심을 무너트리는 놀이를 해 보자."

    "엉덩이를 앞으로 빼면 피할 수 있고 뒤로 밀면 공격할 수 있어!"

2. 몸짓을 바꾸어 엉덩이 씨름놀이를 진행합니다.

    "이번에는 엎드린 자세에서 엉덩이로 밀어 벽까지 밀어 보자!"

◎ 확장놀이

엎드린 자세에서 뒤로 기어가며 밀어내는 놀이를 합니다.

✏ 전문가 한마디

엉덩이를 이용한 힘과 균형을 잡는 동작을 통해 하체 근육과 대근육이 강화됩니다.

힘겨루기

신체	균형	민첩성	지구력
정서	성취감	친밀감	주도성
인지	언어이해	집중력	탐구력
사회	공감	자존감	협동심
창의성	문제해결	기발함	유창성

발바닥 씨름

서로의 발바닥을 마주 대고 앉아 상대의 중심을 무너트리는 놀이

* 놀이가 가능한 연령 : 5세~7세
* 준비물 : 없음

◎ 놀이 방법

1. 서로의 발바닥을 붙여 밀어내는 발바닥 씨름놀이를 설명합니다.

    "서로 발바닥이 떨어져서는 안 되고, 상대가 중심을 잃고 넘어가도록 하는 거야."

2. 상대방을 이기기 위해 다양한 기술을 알려 줍니다.

    "발가락 간지럽히기! 발바닥 돌리기!"

    "간지러워서 웃느라 졌다."

◎ 확장놀이

발가락을 움직여 간지럼 피우거나, 발을 돌려 둥글게 움직이는 등 흥미로운 동작으로 놀이합니다.

✏ 전문가 한마디

1. 발바닥을 이용해 상대방을 밀거나 균형을 잡는 동작으로 하체 근육이 발달됩니다.
2. 놀이에서의 승패를 통해 감정을 조절하고, 협력하는 태도를 배울 수 있습니다.

신체	균형	민첩성	지구력
정서	성취감	친밀감	주도성
인지	언어이해	집중력	탐구력
사회	공감	자존감	협동심
창의성	문제해결	기발함	유창성

로데오놀이

가족의 몸에서 떨어지지 않도록 버티는 놀이

* 놀이가 가능한 연령 : 3세~7세
* 준비물 : 없음

◎ 놀이 방법

1. 로데오놀이에 대해 설명합니다.

    "내가 힘이 센 황소로 변할 거야. 그럼 ○○이는 내 등에 올라타서 떨어지지 않도록 버티는 놀이야."

    "화난 황소처럼 움직이니까 목을 두 팔로 감싸고 떨어지지 않도록 해야 해."

2. 어른도 아플 수 있으니 규칙을 정해 가며 놀이를 진행합니다.

◎ 확장놀이

뛰어다니는 타조, 일어나는 말 등 다양한 동물을 흉내 내는 동작으로 놀이합니다.

✏ 전문가 한마디

아이는 로데오에서 떨어지지 않기 위해 균형 감각과 근육 발달을 도울 수 있습니다. 함께 움직이며 신체협응력이 향상됩니다.

신체	균형	민첩성	지구력
정서	성취감	친밀감	주도성
인지	언어이해	집중력	탐구력
사회	공감	자존감	협동심
창의성	문제해결	기발함	유창성

양말 벗기기

서로의 양말을 벗기는 놀이

* 놀이가 가능한 연령 : 1세~7세
* 준비물 : 양말

◎ 놀이 방법

1. 양말을 신고 함께 놀이를 시작합니다.

   "우리 양말을 신고, 상대의 양말을 먼저 벗기는 사람이 이기는 놀이를 할 거야."

2. 자칫 과격해질 수 있는 놀이에 규칙을 정합니다.

   "우리 안전하게 놀이하기 위해서 지켜야 할 규칙이 있을까?"

◎ 확장놀이

옷 안에 숨겨 놓은 양말을 찾는 놀이를 합니다. 둥글게 말린 양말을 공놀이로 활용하여 던지기, 바구니에 넣기, 야구놀이 등 다양한 놀이를 합니다.

✏️ 전문가 한마디

아이는 어떻게 손과 발을 움직여야 하는지 고민하고, 문제를 해결하는 과정에서 인지 능력이 향상됩니다.

신체	균형	민첩성	지구력
정서	성취감	친밀감	주도성
인지	언어이해	집중력	탐구력
사회	공감	자존감	협동심
창의성	문제해결	기발함	유창성

몸으로 말해요

몸으로 표현하고 맞히는 놀이

* 놀이가 가능한 연령 : 4세~7세
* 준비물 : 없음

◎ 놀이 방법

1. 몸으로 표현하고 퀴즈를 맞히는 놀이에 대해 설명합니다.

    "말을 하지 않고, 몸으로 표현하고, 맞혀 보는 놀이를 할 거야."

2. 동물 흉내를 내어 봅니다.

    "어떤 동물을 표현하는지 맞혀 보자."

    "말로 설명하지 않고 흉내 내는 소리는 낼 수 있어!"

◎ 확장놀이

쉽게 맞출 수 있는 주제부터 주변 사물, 가족까지 점차 난이도를 높여 갑니다.

✏ 전문가 한마디

1. 아이는 다양한 단어를 익히고, 이를 비언어적으로 표현하는 능력을 키울 수 있습니다.
2. 다양한 퀴즈와 동작을 통해 아이는 창의적인 사고를 발휘할 수 있습니다. 몸의 다양한 부위를 활용하여 놀이를 이어 가는 과정에서 상상력과 창의력이 자극됩니다.

신체	균형	민첩성	지구력
정서	성취감	친밀감	주도성
인지	언어이해	집중력	탐구력
사회	공감	자존감	협동심
창의성	문제해결	기발함	유창성

거울놀이

가족의 움직임을 거울 앞에 서 있듯이 따라 하는 놀이

* 놀이가 가능한 연령 : 1세~7세
* 준비물 : 없음

◎ 놀이 방법

1. 서로를 바라보며 거울처럼 몸짓하는 놀이를 설명합니다.

    "거울 앞에서 움직이면 거울 속 나는 어떻게 하지?"

    "그래, 똑같이 움직이지? 내가 거울이라 생각하고, 똑같은 자세를 따라 해 보는 놀이야."

2. 몸짓을 해 보고, 노래를 불러 볼 수도 있습니다.

◎ 확장놀이

아이의 흥미를 유발하기 위해 어려운 자세보다는 익살스러운 자세를 보여주거나, 가족이 짝지어 따라 해 보는 놀이를 합니다.

✏️ 전문가 한마디

가족과 함께 놀이하며 아이는 정서적 안정감을 느끼고, 놀이 중에 즐거움을 경험하며 감정 조절 능력을 기를 수 있습니다.

새로운 동작을 시도하거나 자신만의 재미있는 행동을 만들며 창의성을 키울 수 있습니다.

신체	균형	민첩성	지구력
정서	성취감	친밀감	주도성
인지	언어이해	집중력	탐구력
사회	공감	자존감	협동심
창의성	문제해결	기발함	유창성

청기 백기

양손에 놀잇감 두 개를 들고 명령을 따라 행동하는 놀이

* 놀이가 가능한 연령 : 4세~7세
* 준비물 : 구분하기 쉬우며 안전한 놀잇감, 풍선

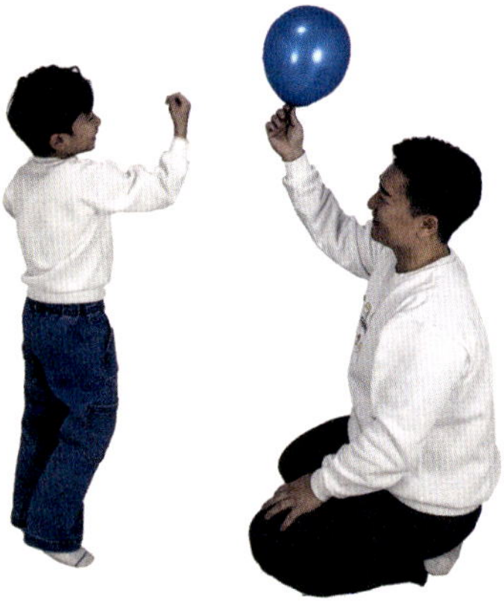

🎈 놀이 방법

1. 색깔이 다양한 풍선을 준비합니다.

    "왼손에는 주황 풍선이 있고, 오른손에는 노란 풍선이 있지? 이야기를 잘 듣고 그대로 따라 하는 놀이야."

    "노란 풍선 올려! 주황 풍선 올리지 마! 주황, 노랑 올려!"

2. 속도를 느리게 했다가 빠르게 진행해 봅니다.

✏️ 전문가 한마디

놀이 중에 가족이 주는 신호에 따라 빠르게 반응해야 하므로 아이는 반응 속도와 순발력을 기를 수 있습니다. 이 과정에서 신속한 판단과 운동능력이 향상됩니다.

신체	균형	민첩성	지구력
정서	성취감	친밀감	주도성
인지	언어이해	집중력	탐구력
사회	공감	자존감	협동심
창의성	문제해결	기발함	유창성

몸 통과하기

몸으로 장애물을 만들고 다양한 방법으로 통과하는 놀이

* 놀이가 가능한 연령 : 1세~7세
* 준비물 : 없음

🔵 놀이 방법

1. 다양한 자세로 몸을 통과해 보는 놀이에 대해 설명합니다.

    "여러 가지 자세를 만들면 ○○이가 다양한 방법으로 통과하는 놀이야."

    "좁고 긴 지렁이 굴입니다! 조심히 기어가세요!"

    "크고 튼튼한 삼촌 산도 넘어갈 수 있지?"

2. 가족이 여럿이 있을 경우 장애물을 많이 만들 수 있습니다.

    "지렁이 달리기 대회에 오신 것을 환영합니다! 높은 아빠 언덕을 지나 엄마 동굴까지 통과하고 있습니다."

✏️ 전문가 한마디

다른 사람과 함께 장애물을 만들고 통과하는 놀이를 진행하면서 아이는 협력과 팀워크의 중요성을 배울 수 있습니다. 또한, 함께 돕고 상호작용하는 과정에서 사회적 유대감이 강해집니다.

신체	균형	민첩성	지구력
정서	성취감	친밀감	주도성
인지	언어이해	집중력	탐구력
사회	공감	자존감	협동심
창의성	문제해결	기발함	유창성

종이 떨어트리기

몸에 붙어 있는 종이를 몸을 사용하여 떨어트리는 놀이

* 놀이가 가능한 연령 : 2세~7세
* 준비물 : 종이, 테이프, 붙임쪽지(포스트잇)

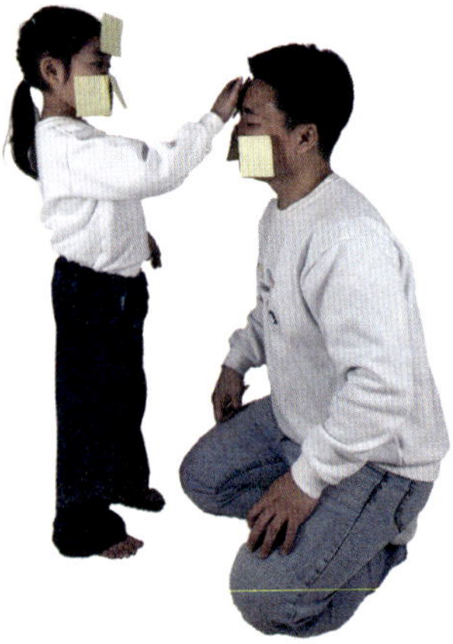

🔵 놀이 방법

1. 종이를 준비하여 아이의 흥미를 유발합니다.

    "서로 몸에 종이를 붙여 주고, 흔들어 떨어트리는 놀이를 해 보자."

2. 놀이가 재미있게 진행이 되면 입으로 바람을 불어 보는 놀이로 변경해 봅니다.

    "몸에 붙어 있는 종이를 입으로 바람을 불어 떨어트려 볼까?"

    "이번에는 몸에 붙어 있는 종이를 가위바위보 게임으로 하나씩 떼어 볼까?"

✏️ 전문가 한마디

몸을 사용하여 종이를 떨어트리는 과정에서 아이는 자신의 몸과 주변 공간에 대한 인식을 높입니다. 신체의 위치와 움직임을 인식하며 공간 감각이 향상됩니다.

신체	균형	민첩성	지구력
정서	성취감	친밀감	주도성
인지	언어이해	집중력	탐구력
사회	공감	자존감	협동심
창의성	문제해결	기발함	유창성

아빠 철봉

아빠의 팔에 매달리는 놀이

* 놀이가 가능한 연령 : 1세~7세
* 준비물 : 없음

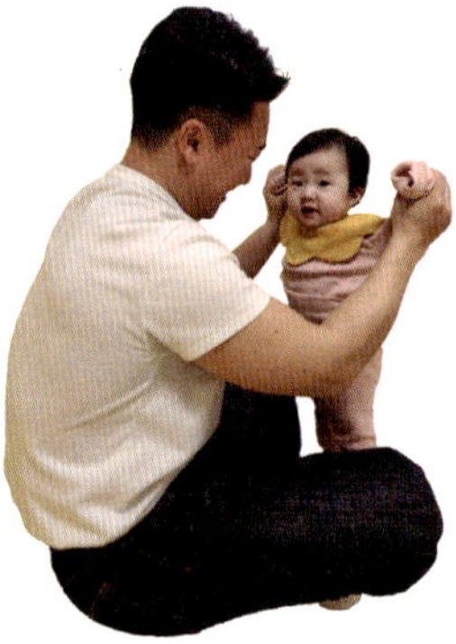

◎ 놀이 방법

1. 철봉 매달리기놀이를 설명해 줍니다.

    "팔에 힘을 불끈 쥐어 ○○이를 들어 올릴 거야."

    "○○이는 팔에서 떨어지지 않도록 오래 매달려 볼까?"

2. 매달리기가 어려울 경우 여러 가지 방법을 사용해 봅니다.

    "손에 힘이 부족하면 떨어질 수 있으니 팔을 깊숙이 걸어 팔꿈치로 매달려도 괜찮아."

◎ 확장놀이

가족의 목을 잡고 등에 매달리기, 팔 걸어 매달리기, 발등 위에 앉아 다리에 매달리기 등 연령에 따라 다양한 자세로 놀이합니다.

✏️ 전문가 한마디

팔에 매달리기 위해서는 팔, 손, 어깨, 그리고 배와 다리의 근육이 함께 사용됩니다. 이를 통해 대근육뿐만 아니라 소근육도 동시에 발달할 수 있습니다.

신체	균형	민첩성	지구력
정서	성취감	친밀감	주도성
인지	언어이해	집중력	탐구력
사회	공감	자존감	협동심
창의성	문제해결	기발함	유창성

아빠랜드

아빠 역도

양팔로 아이를 들어 올리는 놀이

* 놀이가 가능한 연령 : 1세~7세
* 준비물 : 없음

놀이 방법

1. 아이를 번쩍 들어 올리는 놀이입니다.

    "○○이를 번쩍 들어 올려 볼 거야. 성공할 수 있도록 같이 하나, 둘, 셋 하고 세어 줄 수 있지?"

2. 매우 무거워서 힘들게 들어 올리는 몸짓을 해 주며 재미를 더합니다.

    "할 수 있다! 으랏차차!"

3. 아이를 들어 올려 비행기놀이로 진행합니다.

    "온가족 구0호 어디로 비행할까요? 왼쪽으로 갑니다! 위로 더 올라갑니다!"

전문가 한마디

아이는 부모나 가족의 팔에 안전하게 들어 올려질 때 신뢰감을 느낍니다. 이 과정에서 아빠와 아이의 신뢰가 더욱 강화되며, 아이는 정서적 안정감을 얻습니다.

신체	균형	민첩성	지구력
정서	성취감	친밀감	주도성
인지	언어이해	집중력	탐구력
사회	공감	자존감	협동심
창의성	문제해결	기발함	유창성

아빠 비행기

발바닥으로 아이의 몸을 들어 올리는 놀이

* 놀이가 가능한 연령 : 1세~7세
* 준비물 : 없음

◎ 놀이 방법

1. 비행기놀이에 대해 설명해 줍니다.

    "비행기처럼 팔을 벌려 중심을 잡아 볼까?"

    "다리를 벌리고 물구나무 서기 해 볼까?"

2. 공중에 아이를 올리기 때문에 다치지 않도록 규칙을 알려 줍니다.

    "비행기에서 움직이거나 내려오려 하면, 다칠 수 있어."

◎ 확장놀이

아이의 연령에 따라 무릎에 올라타기, 발끝을 맞대고 올라타기 등 다양한 방법으로 놀이합니다.

✏️ 전문가 한마디

이 놀이에서는 아이와 아빠 모두 다리 근육을 사용해야 하므로, 근력과 지구력이 향상됩니다.

아빠는 발로 아이를 들어 올리며 다리 힘을 키우고, 아이는 공중에서 몸을 지탱하면서 지구력을 기를 수 있습니다.

신체	균형	민첩성	지구력
정서	성취감	친밀감	주도성
인지	언어이해	집중력	탐구력
사회	공감	자존감	협동심
창의성	문제해결	기발함	유창성

아빠 풍차

양팔로 아이의 옆구리를 엇갈려 잡고 옆으로 돌려 주는 놀이

* 놀이가 가능한 연령 : 1세~7세
* 준비물 : 없음

◎ 놀이 방법

1. 아빠가 옆돌기 시범을 보여 줍니다.

    "멋진 옆돌기를 보여 줄게."

    "한번 해 볼까? ○○이도 옆으로 돌 수 있게 도와줄 거야."

    "똑바로 서서 양팔을 머리 위로 쭉 뻗고 있어 줄래?"

2. 속도와 방향을 바꿔 가며 재미를 더해 줍니다.

    "풍차가 고장 났습니다! 손님 거꾸로 있는데 괜찮죠?"

◎ 확장놀이

아이의 신체 발달에 따라 팔만 사용하여 돌리는 방법과 아이와 몸을 밀착하고, 끌어안은 상태로 돌려 주는 방법으로 놀이합니다.

◇ 전문가 한마디

아빠가 아이를 돌리는 동안 아이의 몸이 움직이면서 다양한 감각 자극을 받게 됩니다.

몸의 회전이나 움직임을 통해 아이는 공간 감각, 방향 감각, 균형 감각 등 다양한 감각을 발달시킬 수 있습니다.

신체	균형	민첩성	지구력
정서	성취감	친밀감	주도성
인지	언어이해	집중력	탐구력
사회	공감	자존감	협동심
창의성	문제해결	기발함	유창성

아빠 암벽 등반

아빠의 몸을 오르는 놀이

* 놀이가 가능한 연령 : 1세~7세
* 준비물 : 없음

🔵 놀이 방법

1. 아빠의 손을 꼭 잡고 발목부터 무릎, 배, 가슴, 어깨까지 올라오는 놀이에 대해 설명합니다.

    "우리 힘을 합치면 ○○이 손이 천장에도 닿을 수 있을 거야!"

    "미끄러지면 다칠 수 있으니, 손을 꼭 잡고 한 발, 한 발 천천히 딛고 올라가야 해."

2. 어깨 위에서 아빠의 손을 잡고 점프하거나, 배에서 팔 잡고 뒤로 돌아 착지하는 등 다양한 방법으로 내려올 수 있습니다.

✏️ 전문가 한마디

아이가 쉽게 오를 수 있도록 도와주고, 아이는 아빠의 몸을 밟으며 상호작용하게 됩니다. 이 놀이를 통해 부모와 아이는 서로 협동하고 상호작용하는 능력을 기를 수 있습니다.

신체	균형	민첩성	지구력
정서	성취감	친밀감	주도성
인지	언어이해	집중력	탐구력
사회	공감	자존감	협동심
창의성	문제해결	기발함	유창성

아빠랜드

아빠 계단

아빠의 등을 오르는 놀이

* 놀이가 가능한 연령 : 1세~7세
* 준비물 : 없음

◎ 놀이 방법

1. 아빠의 몸을 오르는 사다리놀이에 대해 설명합니다.

    "중심을 잘 잡고 올라가 보자!"

    "○○이 중심을 잘 잡는구나! 그럼 경사를 조금씩 높여 볼까?"

2. 조금씩 어렵게 경사를 변경해 봅니다.

    "이제부터는 계단이 팔굽혀 펴기를 시작하자. 엄마 손 꼭 잡고 조심히 올라와 보렴."

✏️ 전문가 한마디

아이는 아빠의 몸을 밟으며 균형을 맞추고 올라가기 위해 집중해야 합니다. 이러한 과정에서 집중력과 자기조절 능력이 향상됩니다. 아이는 신체를 사용해 목표를 달성하는 과정에서 성취감을 느끼게 됩니다.

신체	균형	민첩성	지구력
정서	성취감	친밀감	주도성
인지	언어이해	집중력	탐구력
사회	공감	자존감	협동심
창의성	문제해결	기발함	유창성

아빠랜드

2) 실외놀이 레시피

봄
꽃피자
돌탑 쌓기
봄에 만나는 동물 친구들
동물원 꽃이 피었습니다
꽃잎 프로펠러
물 그림
꽃향기 맞추기
아카시아 잎 수 세기
그림자 달리기
나뭇가지 높이뛰기
꽃 옮기기
짝꿍 찾기

여름
돌멩이 던지기
수박씨 뱉기
풀씨름
나뭇잎 그림
놀이터 술래잡기
나뭇잎 배
물레방아
초록 잎 림보
나뭇잎 불기
돌멩이 경사로
숲속 난타
거인 그리기
숲속 보석

가을
자연물 빙고
방 탈출
나무 건축가
가을 패션쇼
가을 미용실
낙엽 꼬리잡기
점점 노랗게 점점 크게!
낙엽 밟기
자치기
나뭇가지로 이름 쓰기

겨울
솔방울 제기
솔잎 붓 만들기
나뭇잎 연 날리기
얼음 모빌
무지개 겨울
눈사람 만들기
눈 던지기놀이
눈 속 보물찾기
발자국 탐험놀이
눈 요리놀이
크리스마스트리 만들기

꽃피자

자연물을 사용하여 피자를 만드는 놀이

* 놀이가 가능한 연령 : 3세~7세
* 준비물 : 흰색 손수건 혹은 티슈, 나뭇가지 등 자연물

◎ 놀이 방법

1. 흰색 손수건 혹은 티슈를 이용하여 피자 만들기놀이를 합니다.

    "나뭇잎으로 맛있는 피자를 만들어 보자."

2. 휴지 등이 없더라도 맨바닥에 나뭇가지를 이용하여 다양한 피자를 만들어 볼 수 있습니다.

    "여기 작은 돌멩이들이 많이 있네, 이걸로 피자를 만들어 봐야겠다."

    "맛있는 분홍 꽃피자를 만들었구나. 맛있겠다."

◎ 확장놀이

자연물을 이용하여 다양한 요리를 만들어 보며 역할놀이를 합니다.

✏ 전문가 한마디

1. 자연물을 이용해 요리를 창작하면서 상상력을 키웁니다.
2. 다양한 자연물(거친 나뭇잎, 매끈한 돌, 꽃잎 등)을 만지면서 촉각이 발달합니다.

신체	균형	민첩성	지구력
정서	성취감	친밀감	주도성
인지	언어이해	집중력	탐구력
사회	공감	자존감	협동심
창의성	문제해결	기발함	유창성

돌탑 쌓기

다양한 크기의 돌로 탑을 만드는 놀이

* 놀이가 가능한 연령 : 3세~7세
* 준비물 : 다양한 크기의 돌

봄

◎ 놀이 방법

1. 탑을 만들 수 있는 작은 돌을 찾아봅니다.

    "탑을 쌓을 수 있는 돌을 찾아볼까?"

2. 모아 온 돌을 이용하여 탑을 만들어 봅니다.

    "모아 온 돌로 높이 탑을 쌓아 볼까?"

    "찾아온 이 큰 돌로 쌓고 싶은데 ○○이가 도와줄 수 있어? 같이 들어 보자. 하나, 둘, 셋!"

    "누가 더 높이 쌓는지 시합해 보자."

◎ 확장놀이

1. 돌미로를 만들고 가족이 길을 찾아가는 놀이를 합니다.
2. 보물찾기로 다양한 돌을 찾아 색깔, 크기를 비교하며 놀이합니다.

✏ 전문가 한마디

1. 돌의 크기와 모양을 고려해 균형을 잡아야 하므로 손과 눈의 협응력이 좋아집니다.
2. 어떤 돌을 어디에 쌓을지 고민하면서 논리적 사고와 문제 해결 능력이 길러집니다.

신체	균형	민첩성	지구력
정서	성취감	친밀감	주도성
인지	언어이해	집중력	탐구력
사회	공감	자존감	협동심
창의성	문제해결	기발함	유창성

Part 3 놀이 방법

봄에 만나는 동물 친구들

자연물로 동물을 만드는 놀이

* 놀이가 가능한 연령 : 3세~7세
* 준비물 : 다양한 자연물

◎ 놀이 방법

1. 다양한 돌, 나뭇잎, 나뭇가지, 솔방울, 꽃잎, 흙, 열매 등을 모읍니다.

    "이 자연물은 무엇으로 사용할 수 있을까?"

2. 가족이 각자 만들 동물을 정하거나, 함께 만들 수 있습니다.

3. 모은 자연물을 조합해 동물을 표현합니다.

    - 여우 → 돌(얼굴), 나뭇잎(귀), 가는 나뭇가지(수염)
    - 고슴도치 → 솔방울(몸), 작은 돌(얼굴)
    - 코끼리 → 큰 잎사귀(귀), 길쭉한 나뭇가지(코)

4. 만든 동물들을 자연 속에 전시하고 기념사진을 찍습니다.

    "우리만의 동물 왕국을 만들었어!"

◎ 확장놀이

만든 동물을 해체한 후, 다시 똑같이 구성합니다.

✏️ 전문가 한마디

동물을 만들기 전에 실제 동물의 특징을 관찰하고 생각하는 과정에서 탐구력이 길러집니다.

신체	균형	민첩성	지구력
정서	성취감	친밀감	주도성
인지	언어이해	집중력	탐구력
사회	공감	자존감	협동심
창의성	문제해결	기발함	유창성

동물원 꽃이 피었습니다

술래가 불러 주는 동물을 흉내 내며 '무궁화 꽃이 피었습니다' 놀이

* 놀이가 가능한 연령 : 3세~7세
* 준비물 : 없음

놀이 방법

1. '동물원 꽃이 피었습니다' 놀이 방법을 설명합니다.

    "술래가 동물 이름을 말하면 그 동물 흉내를 내는 거야."

    "거북이 꽃이 피었습니다!"

    "꽃게 꽃이 피었습니다!"

    "독수리 꽃이 피었습니다!"

2. 아이가 술래가 되면 동물을 재미있게 표현해 보세요.

전문가 한마디

1. '동물원 꽃이 피었습니다'라는 신호에 맞춰 빠르게 반응해야 하므로 집중력이 증가합니다.
2. 술래에게 잡히지 않도록 조심하면서 긴장감을 조절하는 법을 배웁니다.

꽃잎 프로펠러

꽃과 풀 등을 떨어뜨리는 놀이

* 놀이가 가능한 연령 : 2세~7세
* 준비물 : 꽃과 풀

봄

◎ 놀이 방법

1. 봄에 핀 꽃들을 이야기하며 떨어진 꽃들을 관찰합니다.

    "여기 꽃잎들이 떨어져 있네."

    "꽃잎들이 어떻게 떨어졌을까?"

2. 떨어진 꽃을 주워서 천천히 떨어지게 해 볼까?"

    "좋아! 우리 꽃이 천천히 떨어지기 시합해 보자!"

◎ 확장놀이

1. 꽃을 떨어트려 바구니에 넣어 보는 놀이로 진행합니다.
2. 꽃잎이 떨어지는 순간을 슬로모션으로 사진을 찍어봅니다.

✏️ 전문가 한마디

꽃이 부드럽게 떨어지는 모습을 보며 감성적인 표현력과 창의력이 발달하며 심리적 안정감을 느낄 수 있습니다.

신체	균형	민첩성	지구력
정서	성취감	친밀감	주도성
인지	언어이해	집중력	탐구력
사회	공감	자존감	협동심
창의성	문제해결	기발함	유창성

물 그림

돌, 벽, 바닥에 물로 그림을 그리는 놀이

* 놀이가 가능한 연령 : 3세~7세
* 준비물 : 나뭇가지, 약병

◎ 놀이 방법

1. 야외에서 손가락이나 나뭇잎을 사용하여 물 그림을 그려 봅니다.

    "○○이가 좋아하는 물감, 색연필이 없어도 그림을 그릴 수 있어."

    "우리가 지우지 않아도 저절로 사라지는 신기한 그림을 그려 보자!"

2. 주제를 정해서 그림을 그려 볼 수 있습니다.

    "좋아하는 음식을 그려 볼까?"

    "봄에 피는 꽃을 그려 보자."

◎ 확장놀이

1. 아이가 그린 물 그림을 사라지기 전에 똑같이 그려 봅니다.
2. 한 사람이 시작한 그림을 다른 사람이 이어서 완성합니다.

✎ 전문가 한마디

물은 자국이 남지 않아 실수해도 부담 없이 그릴 수 있으며, 창의적으로 생각하고 표현하는 능력이 길러집니다.

신체	균형	민첩성	지구력
정서	성취감	친밀감	주도성
인지	언어이해	집중력	탐구력
사회	공감	자존감	협동심
창의성	문제해결	기발함	유창성

꽃향기 맞추기

꽃향기를 맞추는 놀이

* 놀이가 가능한 연령 : 4세~7세
* 준비물 : 다양한 봄꽃(민들레, 벚꽃, 제비꽃, 철쭉꽃 등)

◎ 놀이 방법

1. 다양한 꽃을 준비해서 각 꽃의 향기를 맡을 수 있도록 합니다.

    "이 꽃은 어떤 향기가 나?"

2. 아이가 향기를 맡고, 어떤 꽃인지 맞추는 게임을 진행합니다.

    "무슨 꽃일까?"

3. 향기를 맡고 맞추지 못하면 힌트를 줍니다.

    "이 꽃은 노란색이에요!"

◎ 확장놀이

향기를 맡고, 이야기를 만들어 내는 창의적 이야기놀이를 합니다.

"이 꽃은 어떤 이야기와 연결될 수 있을까?"

✏️ 전문가 한마디

1. 향기를 묘사하는 언어를 사용하면서 아이들은 언어 능력이 발달합니다.
2. "왜 꽃마다 향기가 다를까요?"와 같은 질문을 통해 과학적 사고를 길러 줍니다.

신체	균형	민첩성	지구력
정서	성취감	친밀감	주도성
인지	언어이해	집중력	탐구력
사회	공감	자존감	협동심
창의성	문제해결	기발함	유창성

아카시아 잎 수 세기

아카시아 잎 수 세기놀이

* 놀이가 가능한 연령 : 3세~7세
* 준비물 : 아카시아 잎

◎ 놀이 방법

1. 5월경에 산책을 하다 보면 은은한 향기가 바람에 날려 오는 것을 알 수 있습니다.

    "어디서 좋은 꽃향기가 나는구나."

    "하얀 꽃이 달려 있고 향기 나는 이 나무는 아카시아나무란다."

2. 떨어진 아카시아 잎을 한 장씩 뜯으며 숫자를 세어 봅니다.

    "우리 꽃잎을 한 장씩 세어 볼까?"

    "이번에는 고모 잎이 더 많이 달려 있었네."

3. 가위바위보에서 이긴 사람이 잎을 떼어 누가 먼저 잎을 다 떼어 내는지 게임합니다.

◎ 확장놀이

1. 잎을 '엄마가 좋아', '아빠가 좋아' 등 다양한 말로 뜯어 봅니다.
2. 모은 잎을 사용해 숫자를 바닥에 써 보기를 합니다.

✏️ 전문가 한마디

숫자를 세는 과정에서 집중력과 정확성을 기를 수 있습니다.

신체	균형	민첩성	지구력
정서	성취감	친밀감	주도성
인지	언어이해	집중력	탐구력
사회	공감	자존감	협동심
창의성	문제해결	기발함	유창성

그림자 달리기

그림자를 따라 달리기놀이

* 놀이가 가능한 연령 : 2세~7세
* 준비물 : 없음

◎ **놀이 방법**

1. 햇빛이 비추는 방향에 따라 그림자 길이가 길어지기도 하고 짧아지기도 하는 변화를 아이와 함께 관찰합니다.

    "그림자가 커졌다가 작아졌다가 하네."

    "빨리 달리면 그림자가 어떻게 될까?"

2. 그림자의 방향에 따라 앞사람을 따라 달려 봅니다.

    "그림자를 따라 달려 보자."

    "도둑과 경찰 놀이를 해 볼까? ○○이가 경찰이 되어 도둑 그림자를 잡아 보자!"

◎ **확장놀이**

여러 가지 물건이나 동물의 모양을 만들어 그림자를 보고 그것이 무엇인지 맞추는 놀이를 합니다.

✏ **전문가 한마디**

1. 그림자의 움직임에 맞춰 반응하면서 반사 신경이 발달합니다.
2. 그림자를 쫓아가려는 집중력과 주의력이 향상됩니다.

신체	균형	민첩성	지구력
정서	성취감	친밀감	주도성
인지	언어이해	집중력	탐구력
사회	공감	자존감	협동심
창의성	문제해결	기발함	유창성

나뭇가지 높이뛰기

나뭇가지로 구조물을 만어 통과하는 놀이

* 놀이가 가능한 연령 : 2세~7세
* 준비물 : 긴 나뭇가지

◎ 놀이 방법

1. 간격을 두고 긴 나뭇가지를 눕혀 준비합니다.

    "나뭇가지들을 뛰어넘어 볼까?"

    "이번에는 여러 개를 한 번에 넘어 볼까?"

2. 나뭇가지의 높이를 올리거나, 간격을 조절하여 놀이합니다.

3. 두 발 모아 뛰어넘거나 엎드려 밑으로 지나가는 놀이를 합니다.

    "나뭇가지 거미줄에 걸리지 않고 통과해 보자! 어떻게 지나가야 통과할 수 있을까?"

◎ 확장놀이

구조물 안에서 역할놀이를 추가하여 더 복합적인 놀이를 합니다. 예를 들어 '구조물 속에서 모험을 떠나는 탐험가' 역할을 설정하여 놀이의 범위를 넓힐 수 있습니다.

✏️ 전문가 한마디

가족과 함께 구조물을 만들거나 통과하는 과정에서 협력하고 소통하는 능력을 기를 수 있습니다.

신체	균형	민첩성	지구력
정서	성취감	친밀감	주도성
인지	언어이해	집중력	탐구력
사회	공감	자존감	협동심
창의성	문제해결	기발함	유창성

꽃 옮기기

나뭇가지를 이용하여 꽃을 옮기는 놀이

* 놀이가 가능한 연령 : 3세~7세
* 준비물 : 나뭇가지, 꽃

◎ 놀이 방법

1. 목표지점에 바구니를 놓고 나뭇가지로 꽃잎이 떨어지지 않게 옮겨 보는 놀이에 대해 설명합니다.

    "우리 저기 바구니까지 나뭇가지로 꽃잎을 옮겨 보자."

    "꽃잎이 가벼워서 자꾸 날아가 떨어지네."

2. 꽃잎이 떨어지지 않도록 정교한 움직임으로 놀이가 진행됩니다. 점점 더 가벼운 나뭇잎으로 놀이를 이어 갑니다.
3. 숟가락을 사용하여 옮기는 놀이로 변경해 봅니다.

✏ 전문가 한마디

1. 나뭇가지를 이용해 꽃을 옮기기 위해서는 동작에 집중하고 세밀한 조절이 필요하기 때문에 주의 집중력과 인내심이 길러집니다.
2. "어떻게 하면 잘 옮길 수 있을까?", "이렇게 해 보면 어떨까?"와 같은 탐색적 사고와 시도를 통해 문제 해결 능력과 창의적 사고가 발달합니다.

신체	균형	민첩성	지구력
정서	성취감	친밀감	주도성
인지	언어이해	집중력	탐구력
사회	공감	자존감	협동심
창의성	문제해결	기발함	유창성

짝꿍 찾기

비슷한 자연물을 찾는 놀이

* 놀이가 가능한 연령 : 3세~7세
* 준비물 : 없음

🔵 놀이 방법

1. 공원에서 나뭇잎과 꽃잎이 많이 떨어져 있는 것을 관찰합니다.

   "꽃잎이 많이 떨어져 있네."

   "우리 비슷한 모양을 찾아서 짝꿍을 만들어 보자."

2. 모양이 비슷한 나뭇잎을 찾을 수도 있고 색깔이 같은 종류로 짝꿍을 만들어 나열해 봅니다.

   "개나리처럼 노란 꽃의 짝꿍을 찾아보자."

🔵 확장놀이

자연물을 다양한 용도로 활용하는 놀이로 합니다. 예를 들어, "이 돌은 집을 만드는 데 사용할 수 있을까?", "집을 만드는 데 또 무엇을 사용할 수 있을까?"

✏️ 전문가 한마디

1. 아이들이 자연물의 색상, 모양, 크기 등을 비교하며 주의 깊게 관찰하게 되어 관찰력과 세밀한 인지 능력이 향상됩니다.
2. 자연물을 설명하거나 묘사하는 과정에서 언어 능력이 발달하고, 이를 통해 표현력도 향상됩니다.

신체	균형	민첩성	지구력
정서	성취감	친밀감	주도성
인지	언어이해	집중력	탐구력
사회	공감	자존감	협동심
창의성	문제해결	기발함	유창성

돌멩이 던지기

냇가에서 돌멩이를 던지는 놀이

* 놀이가 가능한 연령 : 2세~7세
* 준비물 : 작은 돌멩이

◎ **놀이 방법**

1. 졸졸 시냇물이 흐르는 곳에서 작고 큰 돌멩이를 던져 봅니다. 돌멩이의 크기에 따라 소리가 다르게 나는 것을 관찰합니다.

    "퐁당퐁당, 풍덩풍덩."

    "돌멩이를 던지지만 서로 다치지 않게 조심하자."

2. 돌멩이 던지기가 시시해지면 냇가 바닥에 보이는 돌을 정하여 맞추기를 해 봅니다.

    "이번에는 저기 보이는 납작한 돌을 맞춰 볼까?"

◎ **확장놀이**

물의 흐름을 이용하여 돌멩이를 물살에 맡기고, 그 돌이 어디로 가는지 추적하는 놀이를 합니다.

✏ **전문가 한마디**

돌멩이를 던지거나 쌓는 활동을 통해 손과 팔의 근육을 사용하고, 신체적 협응력을 발달시킬 수 있습니다. 또한, 물속으로 돌을 던지며 균형감을 기를 수 있습니다.

신체	균형	민첩성	지구력
정서	성취감	친밀감	주도성
인지	언어이해	집중력	탐구력
사회	공감	자존감	협동심
창의성	문제해결	기발함	유창성

수박씨 뱉기

수박씨를 멀리 뱉는 놀이

* 놀이가 가능한 연령 : 2세~7세
* 준비물 : 수박씨

◎ 놀이 방법

1. 수박을 맛있게 먹으면서 할 수 있는 놀이입니다.

    "시원한 수박이 참 맛있다."

    "수박씨를 멀리 뱉어 볼까?"

2. 정해진 방향으로만 규칙을 정해 멀리 뱉어 봅니다.

    "정말 멀리 날아갔네."

◎ 확장놀이

뱉은 수박씨를 모아 흙에 심고 물을 주며 식물이 자라는 과정을 관찰합니다.

✏ 전문가 한마디

1. 목표물을 정하고 씨를 뱉으면서 시각적 집중력과 손·입 협응력이 향상됩니다.
2. 씨가 얼마나 멀리 갔는지 측정하며 거리 감각과 방향 조절 능력이 발달합니다.

신체	균형	민첩성	지구력
정서	성취감	친밀감	주도성
인지	언어이해	집중력	탐구력
사회	공감	자존감	협동심
창의성	문제해결	기발함	유창성

풀씨름

풀과 줄기가 있는 나뭇잎으로 힘을 겨루는 놀이

* 놀이가 가능한 연령 : 3세~7세
* 준비물 : 자연물

◎ **놀이 방법**

1. 풀과 줄기가 있는 나뭇잎 등을 아이가 보이는 곳에 놓아주세요.

    "우리 풀로 힘겨루기놀이 해 볼까?"

    "하나, 둘, 셋 하면 당겨서 끊어지지 않는 쪽이 이기는 거야!"

2. 다양한 자연물을 사용하여 놀이를 진행합니다.

    "이번에는 어떤 풀로 겨루어 볼까? 한번 찾아볼까?"

◎ **확장놀이**

1. 종류에 따라 수를 다르게 하여 힘의 차이를 느껴 봅니다.

    "줄기가 더 강하다면, 나뭇잎 3장의 힘도 이길 수 있을까?"

2. 줄기와 잎을 이용해 팔찌, 반지를 만듭니다.

✏️ **전문가 한마디**

1. 가족과 규칙을 정하고 경쟁하며 협력하는 태도를 배웁니다.
2. 자연물을 활용하는 다양한 방법을 생각하며 창의력이 향상됩니다.

신체	균형	민첩성	지구력
정서	성취감	친밀감	주도성
인지	언어이해	집중력	탐구력
사회	공감	자존감	협동심
창의성	문제해결	기발함	유창성

나뭇잎 그림

자연물로 그림을 그리고 구성하는 놀이

* 놀이가 가능한 연령 : 3세~7세
* 준비물 : 자연물

◎ **놀이 방법**

1. 모래가 있는 곳에서 그림을 그립니다.

    "나뭇가지로 사람을 그려 볼까?"

2. 주변에 있는 다양한 재료를 사용합니다.

    "옷은 나뭇잎으로 하고 발을 돌로 표현해야지."

3. 각자 그린 그림을 바꿔 자연물로 채워 주는 놀이로 진행합니다.

    "이번에는 그림을 그리고 서로 바꿔서 예쁘게 꾸며 주는 놀이로 해 볼까?"

◎ **확장놀이**

놀이 전이나 후에 자연물을 찾는 탐색 게임을 합니다.

✏️ **전문가 한마디**

주어진 재료를 어떻게 조합하면 원하는 그림을 완성할 수 있을지 고민하고 실험하는 과정을 통해 문제 해결 능력이 길러집니다.

신체	균형	민첩성	지구력
정서	성취감	친밀감	주도성
인지	언어이해	집중력	탐구력
사회	공감	자존감	협동심
창의성	문제해결	기발함	유창성

놀이터 술래잡기

놀이터에서 술래잡기놀이

* 놀이가 가능한 연령 : 3세~5세
* 준비물 : 없음

여름

◎ **놀이 방법**

1. 놀이터에서 술래잡기놀이를 제안해 봅니다.

   "술래잡기놀이를 해 볼까?"

   "술래는 놀이기구 위에 올라갈 수 없고, ○○이는 놀이기구 위에서만 도망 다니는 놀이를 해 보자!"

   "열을 세고 찾을 거야!"

2. 다치지 않도록 주의사항을 규칙으로 만들어 가며 진행합니다. 승부의 결과에 대해 감정 조절을 하지 못하는 경우 함께 놀이하는 가족의 감정을 알려 줌으로써 사회성을 길러 줍니다.

   "○○이도 너무 이기고 싶었구나. 삼촌도 이번에 잡히지 않으려고 최선을 다했지만 잡히게 되어 너무 아쉬웠어. 다음 놀이에는 잡히지 않도록 더 열심히 해 볼 거야."

✏️ **전문가 한마디**

1. 달리고 급정거하며 방향을 전환하는 등의 움직임이 포함되어 있어, 전신 근육을 사용하고 체력을 향상시킵니다.
2. 여러 사람이 함께 참여하는 놀이이기 때문에, 자연스럽게 가족과의 소통 및 팀워크 능력을 기를 수 있습니다.

신체	균형	민첩성	지구력
정서	성취감	친밀감	주도성
인지	언어이해	집중력	탐구력
사회	공감	자존감	협동심
창의성	문제해결	기발함	유창성

나뭇잎 배

나뭇잎과 나뭇가지로 배를 만들어 놀이

* 놀이가 가능한 연령 : 2세~7세
* 준비물 : 자연물

◎ 놀이 방법

1. 시냇가에서 아이와 함께 주변을 관찰해 봅니다.

    "작은 돌을 냇가에 넣으면 어떻게 될까?"

    "그럼 나뭇잎이나 나뭇가지를 물에 넣으면 어떻게 될까?"

    "나뭇잎과 나뭇잎은 왜 가라앉지 않을까?"

2. 자연물을 이용하여 배를 만들어 봅니다.

    "물에 가라앉지 않는 나뭇잎과 나뭇가지로 멋진 배를 만들어 보자!"

◎ 확장놀이

1. 나뭇잎 배에 자연물을 올려 물건을 옮기는 놀이를 합니다.
2. 물이 흐르지 않는 경우 물장구나 잎으로 불어 배를 움직이며 경주놀이를 합니다.

✏️ 전문가 한마디

1. 배가 물에 잘 뜨도록 균형 잡기, 무게 분포, 구조 안정성을 고민하면서 자연스럽게 문제 해결 방법을 모색합니다.
2. 작은 나뭇가지와 나뭇잎을 손으로 다루며 붙이거나 배열하는 활동을 통해 손의 섬세한 움직임과 협응력이 향상됩니다.

신체	균형	민첩성	지구력
정서	성취감	친밀감	주도성
인지	언어이해	집중력	탐구력
사회	공감	자존감	협동심
창의성	문제해결	기발함	유창성

물레방아

풀을 줄기나 나뭇가지에 꽂아 물레방아를 만들어 놀이

* 놀이가 가능한 연령 : 2세~7세
* 준비물 : 없음

◎ 놀이 방법

1. 물이 흐르는 냇가에서 자연물을 이용한 물레방아놀이를 설명합니다.

    "얇은 나뭇가지에 나뭇잎을 끼울 거야."

    "길고 질긴 줄기나, 나뭇가지에 잎의 가운데 구멍을 뚫어 끼워 보자."

2. 냇가 등에서 물레방아처럼 잘 돌아가는지 함께 놀이를 해 봅니다.

    "어, 잘 안 돌아가네, 나뭇가지를 더 살살 잡아 볼까?"

    "어떻게 하면 물레방아가 잘 돌아갈까?"

    "구멍을 더 크게 뚫거나 나뭇가지를 더 살살 잡아 보자."

✏ 전문가 한마디

물의 힘으로 물레방아가 돌아가는 원리를 경험하며 과학적 사고력을 기를 수 있습니다.

신체	균형	민첩성	지구력
정서	성취감	친밀감	주도성
인지	언어이해	집중력	탐구력
사회	공감	자존감	협동심
창의성	문제해결	기발함	유창성

초록 잎 림보

박스테이프에 자연물을 붙인 림보 줄을 통과하는 놀이

* 놀이가 가능한 연령 : 2세~7세
* 준비물 : 박스테이프, 자연물

◎ 놀이 방법

1. 박스테이프에 자연물을 붙여 봅니다.

    "여기 박스테이프에 자연물을 붙이면서 꾸며 보자."

    "알록달록 예쁜 줄을 만들었구나!"

2. 자연물을 붙인 박스테이프의 높이를 다르게 하여 통과합니다.

    "자연물을 건드리지 않고 통과해 보자."

3. 림보 줄의 색을 맞추거나 숫자를 세는 놀이를 합니다.

◎ 확장놀이

1. 림보 줄의 높이와 거리가 다르게 하면 좋습니다.
2. 여러 개의 림보 줄을 만들어 놀이할 수 있습니다.

✏️ 전문가 한마디

자연물을 테이프에 붙이고, 림보줄을 어떻게 통과할 것인지 스스로 방법을 찾는 과정은 탐색적 사고와 문제 해결 능력을 기를 수 있는 기회입니다.

신체	균형	민첩성	지구력
정서	성취감	친밀감	주도성
인지	언어이해	집중력	탐구력
사회	공감	자존감	협동심
창의성	문제해결	기발함	유창성

나뭇잎 불기

나뭇잎을 입으로 불어 목적지까지 가는 놀이

* 놀이가 가능한 연령 : 2세~7세
* 준비물 : 나뭇잎

여름

◎ **놀이 방법**

1. 나뭇잎을 주워 입으로 불어서 목적지까지 옮기는 놀이를 합니다.

   "입바람을 세게 불어 봐. 나뭇잎이 날아가지?"

   "손을 대지 않는 것이 놀이 규칙이야"

   "아, 나뭇잎이 엉뚱한 곳으로 가네."

2. 처음에는 목적지를 쉽게 설정하고 점차적으로 목적지를 바꿔 줍니다.

   "이번에는 어디까지 불어 볼까?"

   "또 어떤 걸 불어 볼까?"

   "우리 힘을 합쳐 함께해 볼까?"

◎ **확장놀이**

1. 여러 색깔을 찾아 정한 색을 먼저 도착시키는 놀이를 합니다.
2. 높은 곳에서 나뭇잎을 불어 통에 넣는 놀이를 합니다.

✏️ **전문가 한마디**

입술과 볼 근육을 사용하여 바람을 불기 때문에 발음과 언어 발달에도 도움을 줍니다. 나뭇잎을 원하는 방향으로 이동시키기 위해 힘 조절과 집중력이 길러집니다.

신체	균형	민첩성	지구력
정서	성취감	친밀감	주도성
인지	언어이해	집중력	탐구력
사회	공감	자존감	협동심
창의성	문제해결	기발함	유창성

돌멩이 경사로

경사로에서 돌멩이를 굴리는 놀이

* 놀이가 가능한 연령 : 2세~7세
* 준비물 : 자연물

◎ 놀이 방법

1. 경사로가 있는 야외에서 작은 돌멩이와 나뭇가지로 멀리 굴려 보는 놀이를 설명합니다.

    "작은 돌멩이로 누가 더 멀리 굴리나 해 보자."

    "던지는 것은 안 되고 꼭 경사로에 나뭇가지를 굴려 보는 거야."

    "어떤 돌멩이를 굴려야 잘 굴러갈까?"

2. 다른 굴릴 수 있는 것들을 주변에서 찾아봅니다.

    "여기 나뭇가지가 있는데 이것을 굴려 볼까?"

◎ 확장놀이

경사로에 여러 개의 돌을 이어서 굴리는 놀이를 합니다.

✏ 전문가 한마디

경사로의 기울기를 조절하거나 돌멩이의 크기와 무게에 따라 어떻게 굴러가는지를 관찰하며 문제를 해결하는 능력을 키울 수 있습니다.

신체	균형	민첩성	지구력
정서	성취감	친밀감	주도성
인지	언어이해	집중력	탐구력
사회	공감	자존감	협동심
창의성	문제해결	기발함	유창성

숲속 난타

자연물을 두드려 다양한 소리를 내는 놀이

* 놀이가 가능한 연령 : 1세~7세
* 준비물 : 자연물

◎ 놀이 방법

1. 산책길에 나무를 관찰하며 난타라는 음악에 대해 이야기를 나눕니다.

    "난타는 두드리는 소리로 음악을 만드는 거야!"

    "두드려서 소리가 나는 것이 뭐가 있을지 찾아보자!"

2. 찾아온 자연물로 난타 연주를 합니다.

    "○○이는 나뭇가지로 나무를 두드리고, 나는 돌을 두드릴게! 함께 어떤 노래를 연주해 볼까?"

◎ 확장놀이

여러 자연물을 조합하여 자연 오케스트라를 만들어 연주합니다.

좋아하는 노래를 틀어 놓고 노래에 맞춰 연주합니다.

✏️ 전문가 한마디

1. 자연을 훼손하지 않도록 주의해 주시고, 다치지 않도록 안전에 주의합니다.

2. 서로 다른 자연물에서 나는 소리를 비교하고 새로운 소리를 탐색하면서 창의적인 사고가 향상됩니다.

신체	균형	민첩성	지구력
정서	성취감	친밀감	주도성
인지	언어이해	집중력	탐구력
사회	공감	자존감	협동심
창의성	문제해결	기발함	유창성

거인 그리기

나뭇가지나 낙엽을 그림자 위에 놓는 놀이

* 놀이가 가능한 연령 : 3세~7세
* 준비물 : 자연물

놀이 방법

1. 해가 비추는 방향에 따라 어른의 그림자를 크게 만들 수 있는 곳에서 놀이를 시작합니다.

    "우와! 이모부 그림자가 엄청 크다."

2. 자연물을 이용하여 그림자의 모양을 본 떠 재밌게 만들어 봅니다.

    "머리카락은 솔잎으로 표현하였구나!"

3. 시간에 따라 그림자가 변하는 모습을 비교하며 함께 만든 그림자 거인을 관찰합니다.

    "○○이가 만든 뾰족뾰족 솔잎머리에 꽃잎으로 만든 코가 마음에 들어."

확장놀이

일부만 완성된 그림자 그림을 보고 나머지를 상상해 채워 그립니다.

전문가 한마디

1. 그림자를 보고 상상하며 다양한 형태를 만들며 창의력을 기릅니다.
2. 빛과 그림자의 관계를 이해하며 공간 감각이 발달합니다.

신체	균형	민첩성	지구력
정서	성취감	친밀감	주도성
인지	언어이해	집중력	탐구력
사회	공감	자존감	협동심
창의성	문제해결	기발함	유창성

숲속 보석

가을 자연물을 끈으로 묶어 보석 만들기놀이

* 놀이가 가능한 연령 : 3세~7세
* 준비물 : 자연물, 끈

◎ 놀이 방법

1. 가을 보석놀이에 대해 설명합니다.

    "자연물을 찾아서 멋진 보석을 만들어 보자."

2. 아이와 함께 산책을 통해 마음에 쏙 드는 자연물을 찾아봅니다.

    "여기 도토리가 너무 작고 귀엽다. 이걸로 목걸이를 만들어야겠다."

3. 함께 찾은 자연물을 이용하여 목걸이와 팔찌 등을 만들어 봅니다.

✏️ 전문가 한마디

다양한 자연물을 조합하며 새로운 모양과 구조를 만들어 창의력이 길러집니다.

실을 묶고 균형을 맞추는 과정에서 집중력이 길러집니다.

신체	균형	민첩성	지구력
정서	성취감	친밀감	주도성
인지	언어이해	집중력	탐구력
사회	공감	자존감	협동심
창의성	문제해결	기발함	유창성

자연물 빙고

자연물로 빙고 게임을 하는 놀이

* 놀이가 가능한 연령 : 5세~7세
* 준비물 : 자연물

🎯 놀이 방법

1. 자연물을 보여 주며 관찰하고 만져 보게 해 주세요.

    "바구니에 다양한 자연물을 모아 보자!"

2. 네모 칸에 자연물을 채우고 하나씩 지워 가는 방법을 설명합니다.

    "우리가 그린 빙고 칸을 채우려면 몇 가지 자연물이 필요할까?"

    "한 줄이 모두 지워지면 빙고가 완성!"

🎯 확장놀이

빙고 게임이 어려운 연령은 가족과 함께 이름을 말하고 찾는 놀이로 변경합니다.

"솔방울 어디 있을까?"

"이번에는 ○○이가 말하는 것을 찾아볼게!"

✏️ 전문가 한마디

1. 빙고를 완성하기 위해 전략적으로 자연물을 선택하게 됩니다.
2. 친구들과 협력하며 소통하고 규칙을 지키는 태도를 배웁니다.

신체	균형	민첩성	지구력
정서	성취감	친밀감	주도성
인지	언어이해	집중력	탐구력
사회	공감	자존감	협동심
창의성	문제해결	기발함	유창성

방 탈출

손을 잡아 원을 만들고 술래가 원 안에서 탈출하는 놀이

* 놀이가 가능한 연령 : 2세~7세
* 준비물 : 없음

◎ 놀이 방법

1. 야외에서 여러 사람이 손을 잡아 원을 만들어 봅니다.

    "○○이가 가운데 들어가서 원에서 탈출하는 놀이야."

2. 빙글빙글 돌기도 하고 간격을 좁히기도 하면서 놀이를 진행합니다.

    "○○이가 신나게 탈출해 볼까?"

3. 역할을 바꿔 가며 놀이를 진행합니다.

◎ 확장놀이

원을 지키는 사람이 한 발로 서기, 눈 감고 막기 등 새로운 규칙을 추가하여 놀이합니다.

✏️ 전문가 한마디

1. 술래는 탈출 방법을 고민하고, 원을 만든 사람은 효과적으로 막는 전략을 생각합니다.
2. 몸을 움직이며 균형감각과 민첩성을 기릅니다.

신체	균형	민첩성	지구력
정서	성취감	친밀감	주도성
인지	언어이해	집중력	탐구력
사회	공감	자존감	협동심
창의성	문제해결	기발함	유창성

나무 건축가

나뭇가지나 자연물로 집을 만드는 놀이

* 놀이가 가능한 연령 : 4세~7세
* 준비물 : 나뭇가지

◎ 놀이 방법

1. 자연물로 집을 지어 볼 수 있도록 나뭇가지를 넉넉히 준비합니다. 나뭇가지가 적을 경우 나무젓가락을 사용합니다.

   "나뭇가지로 바닥 고정하고, 집을 만들어 보자!"

2. 기초를 튼튼하게 지을 수 있도록 도와줍니다.

   "기초가 단단해야 높게 집을 만드니 돌도 사용하고 모래를 모아 튼튼하게 만들어 주자."

3. 함께 다양한 집을 꾸미며 각자의 집을 만들어 봅니다.

   "나뭇잎, 풀, 열매 등을 찾아와서 멋진 집을 만들어 보자!"

◎ 확장놀이

만든 집을 활용하여 인형놀이, 동물 가족놀이 등 다양한 역할놀이를 합니다.

✏ 전문가 한마디

1. 자연 속에서 놀이하며 환경에 대한 관심과 애정을 키웁니다.
2. 자연물을 활용하여 구조물을 만들면서 창의적인 사고를 키웁니다.

신체	균형	민첩성	지구력
정서	성취감	친밀감	주도성
인지	언어이해	집중력	탐구력
사회	공감	자존감	협동심
창의성	문제해결	기발함	유창성

가을 패션쇼

자연물을 이용하여 옷을 꾸미는 놀이

* 놀이가 가능한 연령 : 2세~7세
* 준비물 : 박스테이프, 자연물

🔵 놀이 방법

1. 몸에 박스테이프를 감아 자연물을 붙일 수 있도록 준비합니다.

    "나뭇잎으로 내 마음에 드는 옷을 만들어 볼까?"

2. 신발이나 모자 등을 꾸밀 수 있습니다.

    "솔방울로 모자를 만들어 봐야겠다."

3. 누가 더 잘 어울리나 패션쇼를 해 봅니다.

    "우리 좋아하는 음악을 틀고 자신 있게 걸어 보자."

✏️ 전문가 한마디

1. 자연물을 이용해 독특한 디자인을 만들며 창의력이 발달합니다.
2. 나뭇잎, 꽃잎, 도토리 등의 다양한 질감을 만지며 촉각이 자극됩니다.

가을

신체	균형	민첩성	지구력
정서	성취감	친밀감	주도성
인지	언어이해	집중력	탐구력
사회	공감	자존감	협동심
창의성	문제해결	기발함	유창성

가을 미용실

작은 바구니나 종이상자에 낙엽을 붙여 머리를 꾸미는 놀이

* 놀이가 가능한 연령 : 4세~7세
* 준비물 : 자연물, 작은 바구니나 종이상자, 박스테이프, 어린이용 가위

◎ 놀이 방법

1. 머리에 쓸 수 있는 작은 바구니나 종이상자를 준비합니다.

    "내 마음에 드는 머리(상자)를 만들어 보자."

2. 머리에 쓰고 자연물이 붙을 수 있도록 테이프 등을 사용합니다.

    "머리를 인디언처럼 꾸며 볼까?"

3. 각자의 머리를 개성 있게 꾸며 봅니다.

    "이번에는 서로의 머리를 만들어 주자."

4. 꾸민 머리를 쓰고 역할극을 합니다.

    "저는 나뭇잎을 많이 붙여 풍성한 머리를 해 주세요!"

    "오늘 내 머리모양이 정말 마음에 들어요. 감사합니다."

✏️ 전문가 한마디

1. 자연물을 섬세하게 붙이고 꾸미는 과정에서 집중력이 높아집니다.
2. 자신만의 개성을 담아 꾸미면서 표현력이 길러집니다.

신체	균형	민첩성	지구력
정서	성취감	친밀감	주도성
인지	언어이해	집중력	탐구력
사회	공감	자존감	협동심
창의성	문제해결	기발함	유창성

낙엽 꼬리잡기

테이프에 낙엽을 붙여 꼬리를 만든 후 꼬리잡기놀이

* 놀이가 가능한 연령 : 2세~7세
* 준비물 : 자연물, 테이프

◎ **놀이 방법**

1. 나뭇잎이나 작은 나뭇가지를 자연에서 찾아봅니다.

   "꼬리로 사용할 나뭇잎을 찾아볼까?"

2. 엉덩이에 나뭇가지나 나뭇잎을 붙이고 꼬리잡기놀이를 시작합니다.

   "술래는 꼬리를 잡히지 않게 빠르게 움직여 보자."

3. 서로의 꼬리를 잡는 놀이로 바꿔 봅니다.

   "이번에는 누가 먼저 꼬리를 잡을지 시합해 보자."

◎ **확장놀이**

여우, 다람쥐, 강아지 등 동물 역할을 하면서 꼬리를 지키는 놀이를 합니다.

✏ **전문가 한마디**

1. 가족과 함께 놀이하며 규칙을 지키는 태도가 길러집니다.
2. 몸을 움직이며 균형 감각과 협응력이 향상됩니다.

신체	균형	민첩성	지구력
정서	성취감	친밀감	주도성
인지	언어이해	집중력	탐구력
사회	공감	자존감	협동심
창의성	문제해결	기발함	유창성

점점 노랗게 점점 크게!

색의 변화와 크기 등을 구분하여 나열하는 놀이

* 놀이가 가능한 연령 : 2세~7세
* 준비물 : 나뭇잎

◎ **놀이 방법**

1. 다양한 색깔의 나뭇잎을 충분하게 모아 봅니다.

    "우리 마음에 드는 여러 색깔의 나뭇잎을 주워 보자."

2. 각자 모아 온 나뭇잎을 펼쳐 놓고 색깔의 변화에 따라 나열합니다.

    "점점 노랗게 나열해 볼까?"

    "점점 빨갛게 차례대로 놓아 보자."

3. 같은 나뭇잎이라도 색깔이 달라지는 것에 대해 함께 관찰하고 이야기 나누어 봅니다.

◎ **확장놀이**

자연물을 섞은 후 가족이 나뭇잎을 배열했던 올바른 순서로 다시 배열합니다.

✏️ **전문가 한마디**

1. 색, 크기, 모양을 구분하며 논리적 사고가 길러집니다.
2. 색과 크기의 변화를 순서대로 배열하며 패턴을 이해하는 능력이 발달합니다.

신체	균형	민첩성	지구력
정서	성취감	친밀감	주도성
인지	언어이해	집중력	탐구력
사회	공감	자존감	협동심
창의성	문제해결	기발함	유창성

낙엽 밟기

낙엽을 밟으며 오감으로 낙엽을 경험하는 놀이

* 놀이가 가능한 연령 : 1세~7세
* 준비물 : 없음

🔵 놀이 방법

1. 가을 낙엽을 밟을 때마다 나는 바스락 소리에 대해 이야기합니다.

    "낙엽을 밟을 때 무슨 소리가 나는지 들어 볼까?"

    "과자 먹는 소리 같아."

2. 아이의 이야기에 따라 다양한 방법으로 낙엽을 밟으며 표현해 봅니다.

    "과자를 빨리 먹는 소리를 만들어 볼까?"

    "천천히 과자를 먹는 소리를 내려면 어떻게 밟아야 할까?"

🔵 확장놀이

여러 낙엽 속에서 특정 모양이나 색의 낙엽을 찾아보는 놀이를 합니다.

✏️ 전문가 한마디

1. 촉각(낙엽의 바삭한 느낌), 청각(낙엽을 밟을 때 나는 소리), 후각(낙엽의 자연스러운 냄새) 등을 자극하여 오감을 발달시킵니다.
2. 자연 속에서 놀이하며 심리적인 안정감을 느끼고, 계절의 변화를 경험합니다.

신체	균형	민첩성	지구력
정서	성취감	친밀감	주도성
인지	언어이해	집중력	탐구력
사회	공감	자존감	협동심
창의성	문제해결	기발함	유창성

자치기

나뭇가지로 목표물을 맞추는 놀이

* 놀이가 가능한 연령 : 3세~7세
* 준비물 : 나뭇가지

◎ 놀이 방법

1. 자치기놀이에 대해 설명합니다.

    "땅에 세울 수 있는 나뭇가지를 찾아보자."

2. 자연에서 굵은 나뭇가지를 찾아 놀이를 진행합니다.

    "손에 들고 있는 나뭇가지로 목표물을 쓰러뜨려 보자."

    "이번에는 여러 개를 세워서 연속으로 해 볼까?"

3. 위에서 떨어지는 나뭇가지를 정확하게 타격해 보는 놀이를 진행합니다.

◎ 확장놀이

나뭇가지를 지그재그로 꽂아 다른 나뭇가지를 건드리지 않고 하나씩 순서대로 쓰러트리는 놀이를 합니다.

✏️ 전문가 한마디

1. 목표물을 정확하게 맞추기 위해 집중해야 하므로, 아이들의 집중력과 인내심이 길러집니다.
2. 목표물을 맞추는 다양한 방법을 시도하면서 창의적인 해결책을 생각하게 됩니다.

신체	균형	민첩성	지구력
정서	성취감	친밀감	주도성
인지	언어이해	집중력	탐구력
사회	공감	자존감	협동심
창의성	문제해결	기발함	유창성

나뭇가지로 이름 쓰기

나뭇가지로 자신의 이름을 표현하는 놀이

* 놀이가 가능한 연령 : 5세~7세
* 준비물 : 나뭇가지

🌀 놀이 방법

1. 자기 이름에 관심을 가지고 나뭇가지를 이용하여 이름을 표현합니다.

    "이름을 나뭇가지로 써 볼까?"

    "이름의 동그라미는 솔방울로 표현했구나."

2. 좋아하는 친구나 가족의 이름도 자연물을 이용하여 표현해 봅니다.

    "우리 좋아하는 친구 이름을 써 보자."

3. 각자 만든 글자를 읽어 주는 놀이를 진행합니다.
4. 이름에 들어가는 자연물을 종류별로 분류하는 놀이를 진행합니다.
5. 가족의 이름을 모아 하나의 큰 그림을 그립니다.

✏️ 전문가 한마디

이름을 예술적으로 만들면서 자기 자신을 인식하고 자존감을 높일 수 있습니다.

신체	균형	민첩성	지구력
정서	성취감	친밀감	주도성
인지	언어이해	집중력	탐구력
사회	공감	자존감	협동심
창의성	문제해결	기발함	유창성

솔방울 제기

솔방울로 제기차기놀이

* 놀이가 가능한 연령 : 3세~7세
* 준비물 : 솔방울, 끈

◎ 놀이 방법

1. 겨울 야외활동에서 손쉽게 발견할 수 있는 솔방울을 이용하여 제기를 만들어 봅니다.

    "솔방울 한쪽 끝을 끈으로 묶어 제기를 만들어 볼까?"

2. 솔방울을 발로 차며 개수를 세어 봅니다.

    "제기를 얼마나 많이 찰 수 있는지 세어 보자."

    "이번에는 3개를 차 볼까?"

    "이번에는 강하게 차서 나뭇가지를 한 바퀴 돌려 볼까?"

◎ 확장놀이

제기를 공중으로 튕기고, 장애물이나 목표물에 맞추는 놀이를 합니다.

✏ 전문가 한마디

제기를 튕기고 차면서 팔꿈치, 다리, 허리 등 큰 근육도 사용하는 운동이 됩니다. 특히 균형감각과 협응력을 키울 수 있습니다.

신체	균형	민첩성	지구력
정서	성취감	친밀감	주도성
인지	언어이해	집중력	탐구력
사회	공감	자존감	협동심
창의성	문제해결	기발함	유창성

솔잎 붓 만들기

솔잎으로 붓을 만들어 그림 그리기놀이

* 놀이가 가능한 연령 : 1세~7세
* 준비물 : 솔잎, 고무줄 또는 빵끈

◎ 놀이 방법

1. 적당한 크기의 나뭇가지를 붓 손잡이로 선택합니다.
2. 고무줄이나 빵끈을 준비하여 솔잎이 많이 떨어진 곳에서 붓을 만들어 봅니다.
   "우리 솔잎으로 붓을 만들어 볼까?"
   "작고 귀여운 붓이 완성되었네."
   "굵은 붓도 만들어 보자."
3. 완성된 붓을 이용하여 그림을 그려 봅니다.

◎ 확장놀이

솔잎뿐만 아니라, 다양한 자연 재료(잔디, 꽃잎, 나뭇가지 등)로 만든 붓을 비교하며 그림을 그려 봅니다.

✏ 전문가 한마디

기존의 붓과 다른 질감의 붓을 사용하면서 솔잎의 거친 촉감을 직접 느끼면서 감각을 자극하고 소근육을 발달시킵니다.

신체	균형	민첩성	지구력
정서	성취감	친밀감	주도성
인지	언어이해	집중력	탐구력
사회	공감	자존감	협동심
창의성	문제해결	기발함	유창성

나뭇잎 연 날리기

나뭇잎으로 연을 만들어 띄우는 놀이

* 놀이가 가능한 연령 : 2세~7세
* 준비물 : 테이프, 나뭇잎, 풍선, 실

◎ 놀이 방법

1. 다양한 나뭇잎을 찾아봅니다.

    "마음에 드는 나뭇잎을 찾아보자."

    "테이프로 나뭇잎을 이어 붙여 볼까?"

2. 연결된 나뭇잎 연에 실을 붙여 연을 날려 봅니다.

    "높이높이~ 날아라."

    "어떻게 하면 연을 더 높이 날릴 수 있을까?"

    "○○이가 빨리 달리니 연이 더 높이 날고 있어!"

◎ 확장놀이

풍선에 바람을 불어넣어 나뭇잎 연과 함께 띄우기놀이를 합니다.

✎ 전문가 한마디

바람이 불 때 연이 어떻게 움직이는지, 바람의 세기와 방향이 연에 미치는 영향을 자연스럽게 학습할 수 있습니다.

신체	균형	민첩성	지구력
정서	성취감	친밀감	주도성
인지	언어이해	집중력	탐구력
사회	공감	자존감	협동심
창의성	문제해결	기발함	유창성

얼음 모빌

그릇에 자연물과 물을 담은 후 얼려서 모빌 만들기놀이

* 놀이가 가능한 연령 : 2세~7세
* 준비물 : 자연물, 컵, 하트 모양 틀, 접시 등 다양한 그릇, 물, 끈

◎ **놀이 방법**

1. 얼음 모빌에 대해 설명합니다.

    "마음에 드는 자연물을 골라서 얼음모빌을 만들어 보자."

    "그릇에 물을 담고 자연물을 넣어서 밖에 두면 얼게 될 거야."

2. 날씨가 영하로 내려간 추운 날에 밖에 놓아둡니다.

    "내일이면 추운 날씨라서 물이 얼음으로 변할 거야."

    "얼음이 된 자연물을 끈 등으로 감아 나무나 울타리에 걸어 보자."

3. 모빌을 햇빛에 비춰 얼음 속 자연물이 어떻게 보이는지 살펴봅니다.

겨울

◎ **확장놀이**

따뜻한 물을 부어 얼음이 녹는 속도를 관찰합니다.

✏️ **전문가 한마디**

1. 물이 얼어 가는 변화 과정을 관찰하며 과학적 호기심을 기릅니다.
2. 얼음이 되는 과정과 차가운 촉감을 느끼며 감각을 자극합니다.

신체	균형	민첩성	지구력
정서	성취감	친밀감	주도성
인지	언어이해	집중력	탐구력
사회	공감	자존감	협동심
창의성	문제해결	기발함	유창성

Part 3 놀이 방법

무지개 겨울

눈 위에 물감으로 그리기놀이

* 놀이가 가능한 연령 : 1세~7세
* 준비물 : 눈, 물감약병

◎ 놀이 방법

1. 약병에 물과 물감을 넣어 여러 가지 색의 물감약병을 준비합니다.
2. 눈이 많이 내린 날 아이와 야외에서 눈을 관찰합니다.

    "하얀 눈이 많이 내렸구나!"

    "하얀 눈에 우리 재미있는 그림을 그려 보자."

    "어떤 색깔로 어떤 그림을 그릴까?"
3. 무지개를 발로 밟거나 문질러 색을 혼합해 봅니다.

    "그림 위에서 발로 신나게 비벼 볼까?"

◎ 확장놀이

눈 위에 다양한 색으로 미로를 만들고 가족과 함께 길 찾기를 합니다.

✏ 전문가 한마디

눈 위에 색이 섞이는 과정에서 새로운 색을 발견하는 재미를 느낄 수 있습니다. 차가운 눈의 촉감과 부드러운 물감의 질감을 동시에 경험할 수 있습니다.

신체	균형	민첩성	지구력
정서	성취감	친밀감	주도성
인지	언어이해	집중력	탐구력
사회	공감	자존감	협동심
창의성	문제해결	기발함	유창성

겨울

눈사람 만들기

눈을 굴려 눈사람 만들기놀이

* 놀이가 가능한 연령 : 2세~7세
* 준비물 : 눈, 자연물, 물감

◎ 놀이 방법

1. 크기별로 눈덩이를 굴려 눈사람을 만들어 봅니다.

    "눈을 굴려서 동글동글 눈사람을 만들어 볼까?"

2. 단추, 당근, 나뭇가지 등을 이용해 눈사람을 꾸밉니다.

    "눈사람 얼굴을 어떻게 꾸미면 좋을까?"

3. 물감을 섞어 알록달록한 눈사람을 만들어도 좋습니다.

    "눈사람이 옷을 입은 것처럼 색깔을 표현해 보자."

◎ 확장놀이

두 팀으로 나누어 눈사람을 보호하며 눈싸움을 합니다.

✎ 전문가 한마디

눈을 뭉치고 굴리며 팔과 손의 힘을 키우며 눈덩이를 들어 올리고 쌓으면서 균형 감각과 협응력을 기릅니다.

겨울

신체	균형	민첩성	지구력
정서	성취감	친밀감	주도성
인지	언어이해	집중력	탐구력
사회	공감	자존감	협동심
창의성	문제해결	기발함	유창성

눈 던지기놀이

눈을 뭉쳐 던지기놀이

* 놀이가 가능한 연령 : 2세~7세
* 준비물 : 과녁(나무, 벽, 박스)

◎ 놀이 방법

1. 눈덩이를 만들어 나무, 벽, 박스 등에 던져 맞히는 놀이를 설명합니다.

    "사과만 하게 눈덩이를 여러 개 만들어서 던지기놀이를 해 볼까?"

    "○○이 멀리 던지는구나! 그럼 저쪽 좁은 나무에도 던져 보자!"

    "이번에는 벽에 던져 누가 가장 높이 던지는지 시합해 보자!"

2. 규칙을 정하고 친구 혹은 가족과 눈싸움을 합니다.

    "안전하게 던지는 약속을 지키면서 눈싸움을 시작해 보자."

◎ 확장놀이

눈으로 작은 볼링핀(작은 눈기둥)을 만들어 눈덩이를 굴려서 쓰러뜨리는 볼링놀이를 합니다.

✏ 전문가 한마디

1. 목표물을 맞히며 눈과 손의 협응력이 향상되고. 거리 감각과 목표를 정확히 조준하는 능력이 길러집니다.
2. 다양한 놀이 방식으로 새로운 규칙을 만들면서 창의력이 향상됩니다.

신체	균형	민첩성	지구력
정서	성취감	친밀감	주도성
인지	언어이해	집중력	탐구력
사회	공감	자존감	협동심
창의성	문제해결	기발함	유창성

눈 속 보물찾기

눈 속의 보물을 찾는 놀이

* 놀이가 가능한 연령 : 3세~7세
* 준비물 : 플라스틱 공룡 또는 장난감이나 작은 뼈 모양 장난감, 발굴 도구(숟가락, 붓 등)

🔵 놀이 방법

1. 장난감이나 색깔 공을 눈 속에 숨기고 찾아보는 놀이를 설명합니다.

    "눈 속에 놀잇감을 숨겨 놓았는데 찾아볼까?"

    "이번에는 ○○이가 숨겨 놓아 볼까? 그럼 찾아볼게."

2. 보물을 먼저 찾는 사람이 이기는 게임을 해도 재미있는 놀이가 됩니다.

    "우리 이번에는 함께 누가 더 많이 찾는지 시합해 보자."

🔵 확장놀이

플라스틱 공룡 또는 장난감이나 작은 뼈 모양 장난감을 눈 속에 묻고 발굴 도구(숟가락, 붓 등)를 사용해 조심스럽게 찾기놀이를 합니다.

✏️ 전문가 한마디

눈 속에 숨겨진 보물을 찾으며 관찰력과 집중력이 길러지며 힌트를 통해 추리하는 과정에서 사고력이 발달합니다.

겨울

신체	균형	민첩성	지구력
정서	성취감	친밀감	주도성
인지	언어이해	집중력	탐구력
사회	공감	자존감	협동심
창의성	문제해결	기발함	유창성

발자국 탐험놀이

눈 위에 발자국을 남기며 탐험하는 놀이

* 놀이가 가능한 연령 : 2세~7세
* 준비물 : 없음

🌀 놀이 방법

1. 눈 위에 발자국을 남기며 재미있는 길을 만들어 봅니다.

    "발자국이 보이게 꾹~꾹 눌러 가며 걸어 보자."

2. 걸을 때 점프, 지그재그, 원 등 다양한 패턴을 만들면서 놀이합니다.

    "높이 뛰면 어떤 발자국이 될까?"

    "동그라미가 되게 걸어 봐야겠다."

3. 한 사람이 만든 패턴을 따라 걷는 놀이로 해 볼 수 있습니다.

    "○○이가 만들 발자국을 따라 걸어 볼게."

4. 발자국 모양을 비교해 보거나 동물 발자국을 찾아봅니다.

    " 우리 눈 위에 동물 발자국이 있나 찾아볼까?"

✏️ 전문가 한마디

1. 눈 위를 조심스럽게 걷는 연습을 하며 신체 조절 능력이 향상됩니다.
2. 다양한 방식으로 걷고 뛰면서 다리 근육과 균형 감각이 발달합니다.

신체	균형	민첩성	지구력
정서	성취감	친밀감	주도성
인지	언어이해	집중력	탐구력
사회	공감	자존감	협동심
창의성	문제해결	기발함	유창성

눈 요리놀이

눈으로 요리 만들기놀이

* 놀이가 가능한 연령 : 2세~7세
* 준비물 : 모래놀이 도구

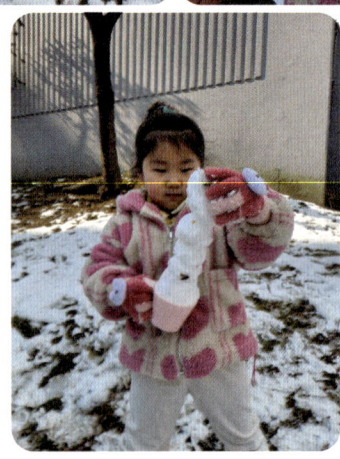

🔵 놀이 방법

1. 눈을 동그랗게 뭉쳐 '눈 아이스크림'을 만들면서 놀이를 합니다.

    "시원하고 부드러운 아이스크림을 만들자."

2. 모래놀이 도구로 눈 케이크나 눈 찜질방놀이로 재미를 더합니다.

    "여기는 시원한 얼음방이 있는 찜질방이에요."

3. 눈으로 만든 것들을 가지고 역할극을 해 봅니다.

    "안녕하세요, 사장님. 솔잎을 넣어 맛있는 3단 아이스크림 부탁드려요"

    "손님, 제가 만든 돌덩이 눈 볶음밥 드셔 보세요."

    "정성스럽게 만들었습니다. 맛있게 드세요."

✏️ 전문가 한마디

1. 요리 재료를 상상하며 차가운 눈을 손으로 만지면서 감각을 자극합니다.
2. 요리에 대하여 서로 설명하며 표현력이 길러집니다.

겨울

신체	균형	민첩성	지구력
정서	성취감	친밀감	주도성
인지	언어이해	집중력	탐구력
사회	공감	자존감	협동심
창의성	문제해결	기발함	유창성

크리스마스트리 만들기

자연물을 이용하여 트리를 만드는 놀이

* 놀이가 가능한 연령 : 1세~7세
* 준비물 : 자연물

◎ 놀이 방법

1. 바닥 나뭇가지를 세워 크리스마스트리의 기본 형태를 만듭니다.
2. 자연물을 이용하여 트리를 꾸며 봅니다.
   "마음에 드는 자연물로 크리스마스트리를 만들어 보자."
   "솔방울, 낙엽, 돌멩이 찾아서 아름다운 트리를 꾸밀까?"
3. 넓은 바닥에서 자연물을 이용하여 트리를 꾸며 봅니다.
   "와! 트리가 완성되었네. 쌓여 있는 눈도 모아 와서 더 꾸며 볼까?"
4. 크리스마스트리를 꾸미며 "징글벨"이나 "고요한 밤" 같은 크리스마스 노래를 부릅니다.

◎ 확장놀이

트리를 만든 후, 크리스마스 선물을 자연 재료로 만들어 크리스마스 분위기를 즐깁니다.

✏️ 전문가 한마디

자연물을 활용해 크리스마스트리를 만들면서, 다양한 재료를 어떻게 결합할지 생각하고 창의적으로 표현하는 능력이 키워집니다.

신체	균형	민첩성	지구력
정서	성취감	친밀감	주도성
인지	언어이해	집중력	탐구력
사회	공감	자존감	협동심
창의성	문제해결	기발함	유창성

겨울

온 가족이 함께하는 놀이

ⓒ 고영광, 송애란, 엄희경, 2025

초판 1쇄 발행 2025년 9월 15일

지은이	고영광, 송애란, 엄희경
감수	송승민
펴낸이	이기봉
편집	좋은땅 편집팀
펴낸곳	도서출판 좋은땅
주소	서울특별시 마포구 양화로12길 26 지월드빌딩 (서교동 395-7)
전화	02)374-8616~7
팩스	02)374-8614
이메일	gworldbook@naver.com
홈페이지	www.g-world.co.kr

ISBN 979-11-388-4708-7 (03370)

- 가격은 뒤표지에 있습니다.
- 이 책은 저작권법에 의하여 보호를 받는 저작물이므로 무단 전재와 복제를 금합니다.
- 파본은 구입하신 서점에서 교환해 드립니다.